●改訂4版●
情報と職業

AI時代に向けての
キャリア開発

豊田 雄彦・加藤 晃・鈴木 和雄　共著

電気書院

まえがき

　AI（人工知能）は身近な存在になり、会社では DX（デジタル・トランスフォーメーション）が叫ばれるようになった。こうした時代を担う人材を育成するべく政府も情報化教育の推進に力を入れはじめている。情報技術の進展は第 4 次産業革命とよばれるほどに仕事をはじめとした我々の生活にインパクトをあたえている。

　一方、情報化の進展に伴う法制度の整備や私たちの能力開発、意識改革はどうしても後追いになってしまう。私たちが過大な負荷を受けることがなく、安心・安全に情報化の恩恵を受けられるよう知恵をめぐらす必要がある。コロナ禍を予言したと言われている小松左京氏の小説「復活の日」のなかで「自然科学と社会科学の跛行性」を登場人物に語らせる場面がある。技術を支える自然科学とそれをどのように利用するかという社会科学の一層の連携が望まれることはこの小説が書かれた昭和の時代と現代でも変わらない。情報教育は、情報技術の習得だけでなく、情報を扱う人間を意識した教育を重視すべきであろう。

　このテキストを学習することで情報と職業の関係に興味を持ち、変化を捉えられる能力と意識をもって、よりよい職業生活を送ることに役立てば幸いである。

2022 年 12 月　著者

■□■　目次　■□■

0 「情報と職業」とは

　情報科教員になるにあたり、なぜ「職業」の知識が必要なのであろうか。それには、まず高等学校において教科「情報」がどのような経緯から設置されたかを考えればよい。情報科教員は、いま教えていることが社会でどのように生かされるのか、見通しをもって教えなければならないのである。

0.1　「情報と職業」の意義

0.1.1　教科「情報」

　パソコン、インターネットの普及によりビジネス場面のみならず、教育、家庭などさまざまな場面で情報社会を実感することになった。情報化はさまざまなメリットを我々にもたらす反面、少なからぬリスクをもたらすことになった。学校教育においても、「生きる力」の重要な要素として情報化社会に対応する能力を養う必要性が高まった。このような状況に対応するために、文部科学省は「情報」の取り扱いに関する能力を小学校から高等学校までに体系的に育成することとした。特に高等学校においては、「情報手段の活用を図りながら情報を適切に判断・分析するための知識・技能を習得させ、情報社会に主体的に対応する態度を育てることなどを内容とする教科「情報」を新設し必修とすることが適当」との 1998 年 7 月の教育課程審議会の答申を受け、2003 年度より教科「情報」が開設されることとなった。

　教科「情報」は普通教科と専門教科に分かれている。学習指導要領に掲げられている目標は、普通教科においては「情報及び情報技術を活用するための知識と技能の習得を通して、情報に関する科学的な見方や考え方を養うとともに、社会の中で情報及び情報技術が果たしている役割や影響を理解させ、情報化の進展に主体的に対応できる能力と態度を育てる」というもので、一般的な情報活用能力を主眼としている。専門教科においては「情報の各分野に関する基礎的・基本的な知識と技術を習得させ，現代社会における情報の意義や役割を理解させるとともに、高度情報通信社会の諸課題を主体的、合理的に解決し、社会の発展を図る創造的な能力と実践的な態度を育てる」となっており、当然のことながら職業訓練としての要素が含まれている。

0.1.2　情報科教員の資質としての「情報と職業」

　教科「情報」の高等学校教諭普通免許状を取得するにあたり、教科に関する専門科目として以下の分野の履修が求められている。

1) 情報社会及び情報倫理
2) コンピュータ及び情報処理（実習を含む）
3) 情報システム（実習を含む）
4) 情報通信ネットワーク（実習を含む）
5) マルチメディア表現及び技術（実習を含む）
6) 情報と職業

　このうち6)の情報と職業では情報化社会の進展と職業、職業倫理を含む職業観などを学習し、情報と職業についての関わり、情報に関する職業人としての在り方等を理解することを目的としている。

　教職に関する科目のなかにも「進路指導の理論及び方法」に関するものがあることから、第40回教育職員養成審議会総会において「進路指導と職業指導はどう異なるのか。従来の職業指導のようなニュアンスは残さない方がいいのではないか」といった意見もあった。一方、教科「情報」では前述のように普通教科と専門教科に分かれるため、専門教科においては「専門職業人養成が念頭におかれており、職業についてある程度まとまった形で扱うべき」、また普通教科においても「職業指導は特段必要ないのではないかとの意見もあったが、情報は一般社会における組織体の運営、マネジメント等と密接に関係し、あらゆる場面において情報に関する職業領域が成立してくることを踏まえ、従来型の職業指導ではなく、「情報と職業」として多少幅広い内容を盛り込む形にした」という意見もあり、このように職業に対する理解を重視した科目構成となった。

0.1.3　本書で取り扱う内容

　「情報と職業」という科目が設置された目的は前述のとおりであるが、本書では、職業未経験の学生がこの本を読む機会が多いと考え、次のような時系列を想定して、記述することにした。

a) 働くとはどのようなことか考える（就職の意識づけ）
b) 就職に備えるとはどういうことか知る（就職準備）
c) 働くにあたって必要なルールを学ぶ（就職）

　　d）働く満足感を得るためにどうしたらよいか（就職数年後）

　まず、なぜ働くのかということを自分なりに考えた上で、多くの人が勤めること
になるであろう企業と企業社会についての知識を得る。すべての仕事は情報を扱う
ものであるが、その中で情報に関わる要素が多い、逆の視点から見れば情報以外の
要素が少ない職種として事務職と情報関連の職種を取り上げ、その特性を理解する。
さらに情報関連の職につくために必要な知識・技能にどのようなものがあるかを知
り、自分がどのような特性をもっているのか、どのような仕事につけば満足するの
か、企業側は、どのような能力を期待していて、それをどのようにして測ろうとす
るのかを概観する。
　次に仕事をするにあたり、情報を扱う職業人としてわきまえていなければならな
い基本的なルールを理解する。特に高度情報社会では法律による規制だけでは問題
を解決できない。そこには情報倫理を確立することが必要である。また近年、個人
情報について非常に敏感な時代になった。プライバシーに関する根本的なルールを
理解することが、さまざまな問題に直面した際に問題を解決する指針となる。
　しばらく職業生活を続けてくると自らのキャリアについて考えるようになるだろ
う。その際、どのように行動すれば自分が満足するのか考える方策を知る必要があ
る。また情報化社会の進展とそれに伴うビジネス環境の変化が、今後の私たちの職
業生活にどのような影響を及ぼすのか考える契機を提供したいと考えている。
　情報と職業に関しての視野を広げるために、職業生活に必要なさまざまな視点か
らテーマを設定した。１つの科目としては幅広い領域であるが、よりよい職業生活
を送るには必要な知識であると考えている。図 0-1 はそのイメージである。

図 0-1　本書で取り扱うテーマ領域

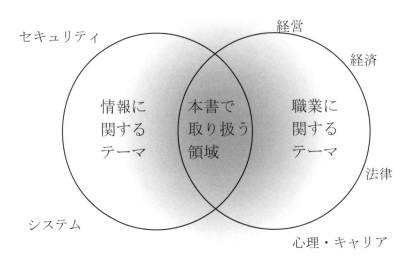

参考文献

〔　1〕文部科学省 "高等学校学習指導要領" オンライン、
　　　　入手先 https://www.mext.go.jp/a_menu/shotou/new-cs/1407074.htm
　　　　参照　2022-12-5

〔　2〕文部科学省 "第 40 回教育職員養成審議会総会議事録" オンライン、
　　　　入手先
　　　　http://www.mext.go.jp/b_menu/shingi/12/yousei/gijiroku/002/000601.
　　　　htm　参照　2011-01-16

〔　3〕私立大学情報教育協会 "高等学校の教科「情報」担当教員の養成" オンラ
　　　　イン、入手先 http://www.juce.jp/LINK/journal/0003/01_01.html
　　　　参照　2022-12-5

1 そもそも働くとは

　働く動機はどのようなものか、マズローの欲求段階説とハーズバーグの二要因論により考察する。働くことのみで、生きる満足を得ようとするものではないが、ほとんどの人は人生のかなりの時間を働くことに使うことになる。あらかじめ何をもって満足を得るのか考えておくことは重要である。満足を得られるために自身の「承認」が得られることが大切であるが、「承認」を得やすい場はどこか、働く場の特性をふまえて考えることが必要である。

1.1　働くことの意義

1.1.1　働く目的
　「働く」という言葉で真っ先にイメージするのは、「会社に勤める」ということだろう。しかしよく考えてみると、自ら起業して働くケースも考えられるし、ボランティアとして公益のために働くということもあるだろう。専業主婦（主夫）だって、専ら家事に従事して働いているのである。しかしここでは議論を単純にするために「働く」ということを、営利もしくは公益のために組織に所属して労働するということとして考えたい。
　職業のことを考える前提として、「なぜ働くのか」ということを考えてみよう。働かなければ収入は得られないのだから、生きていくためには当然働かなければならないと考える人は多いだろう。内閣府が行っている「国民生活に関する世論調査」（平成 20 ～令和元年度調査）でも働く目的は何かという問いに対して、「お金を得るため」と回答した割合が全体では常に 50％前後（図 1-1）の割合を示し、他の回答を圧倒している。格差拡大のためか「お金を得るため」との回答が微増しているが、それでも現在の日本に生きる多くの人は働くに際し、お金さえ得られればそれでよいとは考えていないだろう。これから就職しようとする人は「自分に適した仕事は何か」という問いの答えを見つけようとしながら就職活動を行い、就職した後でも「はたしてこの仕事は自分に向いているのか」と悩みを持つ人は少なくないのではないか。そこに収入以外のどのような価値を見つけ出そうと考えているのか。つまり人間は働くことにより、どのような欲求を満たそうとしているのであろうか。

図 1-1

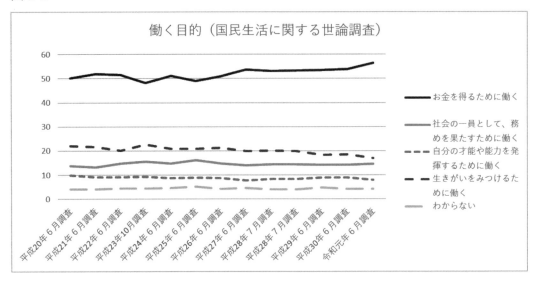

1.1.2　欲求階層説

　「働くこと」について考えるにあたり、人間にはどのようなタイプの欲求が存在するのか考えてみよう。働くことの動機付けの説明にはマズローの欲求階層説がよく引用される。マズローは人間が「発生的あるいは本能的な起源をもつ無数の基本的欲求によって動機づけられている」と考え、人間の欲求を図 1-2 のように低次のものから高次のものに分類し、低次の欲求が満たされることにより高次の欲求が出現するとしている。

　人間のもっとも基本的な欲求として生理的欲求がある。生理的欲求とは飲食物、睡眠、性、酸素といった人間が生存するのに必要不可欠なものに対する欲求である。

　安全の欲求とは秩序や不変性を求める欲求である。健康な成人では充足されていると考えられており、子どもや精神的に不安定な成人に観察される欲求である。

　生理的欲求、安全への欲求が満たされたことにより顕在化するのが所属と愛の欲求である。愛とはカール・ロジャースの定義によれば「深く理解され、深く受け入れられること」であり、所属とは自分のいる集団で他の人々との愛情関係の 1 つの地位を占めることである。お互いの間に不安がなく、防御もないよい人間関係を求める欲求である。

承認の欲求は他者からの承認と自尊心、つまり自分自身への承認の２種類の欲求からなっている。他者からの承認は名声、表彰、受容、注目、地位、評判であり、自尊心は自信、能力、熟練、有能、達成、自立、自由への欲求を含んでいる。

自己実現の欲求とは、自らの能力を最大限発揮した状態になりたいと思う欲求である。

生理的欲求から承認の欲求までを不足していると必要とする欠乏欲求とされ、自己実現の欲求は成長欲求とされている。

図 1-2　欲求の階層

自己実現の欲求
The need for self-actualization

承認の欲求
The esteem needs

所属と愛の欲求
The love needs

安全の欲求
The safety needs

生理的欲求
The 'physiological' needs

なぜ働くのかという問いをこの欲求階層説に重ね併せて考えてみると、収入を得るということは生きていくという生理的欲求、平穏な日々をおくるためという安全の欲求を充足させる重要な要素であるが、それを満たしてもなお、所属と愛の欲求、承認の欲求、自己実現の欲求が順次あらわれ、働くということをとおして、それらの欲求を満たす必要がでてくるのである。

小浜逸郎は「人はなぜ働かなければならないのか」の中で各人の欲求に基づいて行われた労働が、他人の欲求を満たすことのできる「共同財産」を作ることになり、それによって誰もが労働を通じて社会から１人前であると承認され人間的な自立と自由を実感できるというヘーゲルの労働観に基づいて、「他者の承認の声の受け止めによる自己承認」を感じることが必要であるからと説いている。

1.1.3　働く動機となるもの

収入を得ることだけでは、働くことへの動機付けを強く維持できない。ハーズバーグは「仕事と人間性」の中で、その要因が足りなければ不満に思うが、十分にあっても満足にはつながらない「衛生要因」とその要因があることにより満足が得られる「動機付け要因」に二分されると説いた。これはピッツバーグ市9社のエンジニアと会計担当者203名を対象として面接調査を行い、職務について例外的によい印象をもったとき、逆に悪い印象を持ったときを思い出してもらい、そのときどのようなことが起こったのかをまとめた結果、明らかになったものである。「会社の政

策と運営」、「監督技術」、「給与」、「上役との対人関係」、「作業条件」は不十分であると不満にはつながるが、充足されたからといって大いに満足感を高め、仕事への動機付けにつながるものではなく、むしろ「達成」、「承認」、「仕事そのもの」、「責任」、「昇進」といったことが動機付けにつながるという。

　動機付け要因のキーワードを共通することは、自分自身および他者から仕事に関して認めてもらうことであるといえる。このことからも単に収入を得るというだけでなく、職務上の満足を得るためには自分自身そして他者からの承認ということが重要であると理解できる。

1.2　働く場について

1.2.1　会社、特に株式会社

　就職するということは、公益あるいは営利を目的とした団体に所属するということと考えられる。例えば地方自治体は公益を目的とした団体であるし、株式会社は営利を目的とした団体である。ここでは特に営利を目的とした団体について考えていきたい。

　営利団体では前述の株式会社が代表的なものである。会社法では出資の形態や出資者の責任の違いにより株式会社、合名会社、合資会社、合同会社に分類しているが、日本で設立されているほとんどの会社は株式会社（旧有限会社法に基づいて設立された有限会社を含む）である。株式会社とは、会社の資金を調達するにあたり、株式を発行して出資者を募るものである。出資者は株主といい、出資した限度において責任を負う。仮に会社が倒産した場合でも、株主は出資した額以上に、その会社の債権者に対して財産を提供したりする必要はない。このように経済的に合理性のある制度のため、多くの会社がその形態をとっているのである。株主が出資をする動機は会社の得た利益の分配を受け取ることである。これを配当という。

　株式会社において、例えば東証プライム市場といった証券取引市場で株式が売買できる会社のことを上場会社と呼ぶ。会社を上場する目的は資金調達を容易にするためである。ただし一般に広く株式が流通することから、その会社には一層の信用が求められる。会社が倒産してしまったら、株式は無価値になってしまうからである。そのため上場する会社は会社法、金融商品取引法といった法律の規制を受ける。就職に際し、上場会社が望まれるのもそうした信用を期待してのことであろう。ただし有名な大企業でも上場会社とは限らないし、上場しているからといって盤石の信用があるとは限らないことに注意が必要である。

1.2.2 利益とは何か

　会社の目的は利益であることは前述したとおりである。それでは利益とは何か考えてみよう。収入から費用を差し引いたものが利益で、利益はその会社が商品・サービスに与えた付加価値である。話を単純にするために、会社の例ではなく学園祭の模擬店で焼き鳥を売る場合のことを考えてみよう。鶏肉やたれの仕入れ、ガス代などに要した費用が 1 本あたり 80 円であったとする。それを 100 円で販売したとき、利益は 20 円である。この 20 円は焼き鳥をおいしく食べられるようにした手間に対するものと考えられることができる。原材料から食べられるように加工したことが付加価値として評価されたのである。

　利益を多くするためには売上を多くし、売上をあげるための経費を少なくすることが必要である。仕事を評価する際に品質（Quality）、費用（Cost）、納期（Delivery）の 3 つの視点がある。英語の頭文字を合わせて QCD と呼ぶこともある。一定の品質を達成しなければ顧客に商品やサービスを買ってもらうことは難しい。また一定の品質のものをつくるのに費用がかかりすぎては高価格になって売れなくなるか、あるいは費用が販売価格を上回ってしまい赤字になってしまう。納期も守らなければ信用を失うか、あるいは費用増につながり利益をもたらすことができなくなる。利益をあげるためにはこの 3 つの視点において一定の水準を確保しなければならない。

1.3 さまざまな仕事

1.3.1 業種と職種

　社会はさまざまな役割を分担することにより成り立っている。ある程度の規模の企業になればすべての仕事を 1 人で行うことは困難であるし、ひとつの企業ですべてのさまざまな商品やサービスを提供することはできない。以前には経営多角化をめざして、電子部品メーカーがイタリアンレストランを経営したり、衣料品を手がけたりといったようなこともあったが、経営のノウハウがあまりない分野で成功するのは困難であったようである。

　企業にも得意分野があり、さまざまな分野に特化して事業を行うが、その事業の種類により分類されたものを業種と呼ぶ。総務省統計局は統計上の便宜のために日本標準産業分類を定めている。日本標準産業分類の概要は表 1-1 のとおりである。日本産業分類の適用は事業所単位が基本である。複数の分類項目に該当する経済活動が行われている場合は，主要な経済活動によって決定する。主要な経済活動とは，これら複数項目のうち，過去 1 年間の収入額又は販売額の最も多い事業をいう。

表 1-1 日本標準産業分類(平成 25 年 10 月改訂)

大分類	中分類	小分類	細分類
農業，林業	2	11	33
漁業	2	6	21
鉱業，採石業，砂利採取業	1	7	32
建設業	3	23	55
製造業	24	177	595
電気・ガス・熱供給・水道業	4	10	17
情報通信業	5	20	45
運輸業，郵便業	8	33	62
卸売業，小売業	12	61	202
金融業，保険業	6	24	72
不動産業，物品賃貸業	3	15	28
学術研究，専門・技術サービス業	4	23	42
宿泊業，飲食サービス業	3	17	29
生活関連サービス業，娯楽業	3	23	69
教育，学習支援業	2	16	35
医療，福祉	3	18	41
複合サービス事業	2	6	10
サービス業（他に分類されないもの）	9	34	66
公務（他に分類されるものを除く）	2	5	5
分類不能の産業	1	1	1
合計　　　　　　（　20　）	99	530	1460

　企業も利益を上げるために組織をつくり、その中でもそれぞれ専門に分化して、個人が担当する仕事の範囲を定めることになる。その仕事の種類を職種と呼ぶ。職種についての分類は、前述の総務省統計局の定める日本標準職業分類（表 1-2）、国際標準職業分類（ISCO）、ハローワークインターネットサービスにおける職種分類、職業指導のためのホランド職業コードなどがある。

　社会の職業をめぐる実態に合わせるために日本標準職業分類は平成 21 年度に改訂され、国際標準職業分類（ISCO）等国際的な分類基準との整合性が高められた。例えば従来、中分類の情報処理技術者はシステムエンジニアとプログラマの2種の小分類しかなかったが、現在では中分類の名称が情報処理・通信技術者と名称が変更され、小分類が次の7種となっている。

    10　情報処理・通信技術者
　　　101　システムコンサルタント
　　　102　システム設計者
　　　103　情報処理プロジェクトマネージャ
　　　104　ソフトウェア作成者
　　　105　システム運用管理者
　　　106　通信ネットワーク技術者
　　　109　その他の情報処理・通信技術者

表 1-2　日本標準職業分類（平成 21 年 12 月改訂）

大分類	中分類	小分類
A　管理的職業従事者	4	10
B　専門的・技術的職業従事	20	91
C　事務従事者	7	26
D　販売従事者	3	19
E　サービス職業従事者	8	32
F　保安職業従事者	3	11
G　農林漁業従事者	3	12
H　生産工程従事者	11	69
I　輸送・機械運転従事者	5	22
J　建設・採掘従事者	5	22
K　運搬・清掃・包装等従事者	4	14
L　分類不能の職業	1	1
合計　　　　　　　　（　12　）	74	329

1.3.2　分業を行う理由

　最初の経済学者ともいわれるアダム・スミスはその著書「諸国民の富」のなかで、国民の富は分業によって高められたと述べている。スミスはピンを製作する工程を次のように描写している。「ある者は針金を引き延ばし、次の者はそれをまっすぐにし、三人目がこれを切り、四人目がそれをとがらせ、五人目は頭部をつけるためにみがく、（中略）ピンを紙に包むのさえ、それだけで 1 つの職業なのである」

　このように 10 人の労働者が手分けして働けば 48000 本のピンをつくることができるとスミスは計算した。1 人ですべての作業を行えば、これよりはるかに少ない数のピンしか生産できないであろう。1 つ 1 つの仕事を細かくし、習熟を容易にし、熟練をすすめた結果、また工程間の段取りのための時間を最小限にすることにより、

生産性の向上を目指したのである。このように仕事を単純化することで、その仕事に用いる機械をつくりやすくし、その機械を活用することにより、さらなる生産性の向上を図ることになった。

　アダム・スミスの時代にくらべて、格段に市場は大きくなった。またそこで提供される財、サービスの種類も比較にならないほど多種である。それだけに分業の機会もさらに拡大したのである。ただし生産分野でみれば、過度な分業化により労働が単純化しすぎて労働者の満足を得られにくい、また経営者側からみても生産量の調整がしづらいなどの問題が発生する。このような問題を克服するため、また労働者が品質に対する意識を高めるために、セル生産方式という1人～数人が1つの製品を組み上げる方式を採用する企業がでてきた。労働のあり方を考える上で重要な示唆であろう。

1.3.3　組織をつくる理由

　分業を進めていけば、それを統合するための形態が必要になる。ただ別々の仕事を組み合わせただけでは効率的に製品をつくる、サービスを行うといったことはできない。協調した動きをとるためのものが組織である。

　サイモンは、組織をつくる理由を人間の認知能力の限界に求めている。人間の情報処理能力には限界があり、その限界を克服するために組織がつくられる。一般に入社したばかりの新入社員が、経験豊富な先輩社員と同等のパフォーマンスを上げることは考えづらい。技能や知識が不足しているからである。しかし分野を限れば、その部分についてのみ習熟は容易であろう。そのように、さまざまな機能を組み合わせて組織全体が一定のパフォーマンスを上げられるようにしているのである。

　またドラッカーは「組織とは、強みを成果に結びつけつつ、弱みを中和し無害化するための道具」であると述べている。対人スキルを欠くが、プログラミング・スキルに優るコンピュータ・プログラマが独自に営業して仕事を確保するのは困難であろうが、組織の中であればプログラミングに集中できるということを考えてもらえばわかりやすいだろう。

1.3.4　会社の中の組織

　会社のなかの組織は大きく分けると2種類に分けることができる。直接、会社の業務を担うライン部門とライン部門の活動を支援するスタッフ部門である。ライン部門とは調達、製造、営業などといったその機能がなければ会社の仕事が成り立たない部門のことである。スタッフ部門とは人事、総務、経理、情報システムなど会社の人、物、金、情報などの管理を行う部門のことである。

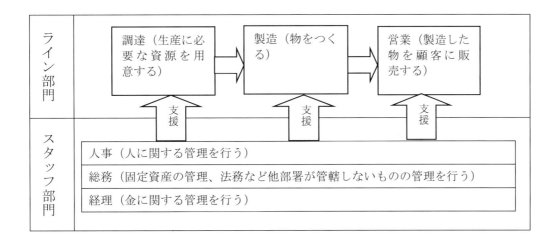

1.4　情報関連業界

　コンピュータ普及の歴史は産業の情報化の歴史ということができるだろう。産業の情報化はまた「情報の産業化」をもたらした。我が国においてコンピュータ黎明期（昭和 40 年代）はハードウェアメーカーと導入した企業のエンジニアが共同で問題解決にあたるような時代であった。メーカーが提供する Fortran（科学技術計算向きのプログラム言語）をユーザサイドで事務計算が行いやすいように改良するといったようなことも行っていたそうである。

　コンピュータ黎明期には、コンピュータは高額であったので、国策として日本電子計算機株式会社（JECC）を設立して、レンタルを行うなどの方策もとられたが、それでも 1 企業でコンピュータを所有するのは困難な場合もあった。そうした企業でもコンピュータを利用できるように受託計算を行ったり、コンピュータを時間貸ししたりする計算センターという業態ができた。

　コンピュータを導入し、問題解決に役立てるためにはハードウェアのみを導入したのでは足りず、コンピュータに情報処理を行わせるためのソフトウェアを開発する必要がある。当時は業務にあわせてソフトウェアを開発することが一般的であったため、コンピュータの普及により、ソフトウェア技術者が不足するようになった。しかしながら、自社でソフトウェア開発要員を抱えてしまうとシステム開発終了時に要員の処遇に困るということも考えられた。そこでソフトウェアハウスと呼ばれる、ソフトウェア開発を請け負う、あるいはソフトウェア技術者を派遣するという業態が発生した。

　コンピュータが小型・低価格化し、パーソナルコンピュータが普及するようにな

ると、情報システムを構築する際にハードウェアベンダー1社からのみハードウェアを調達するのではなく、複数のベンダーの製品により構築することが多くなった。このような動きをオープンシステム化という。従来はハードウェアベンダーの支援を得て情報システムを構築してきたのだが、このように複数社が関わると全面的な支援は困難になる。こうした動きを受けて、情報システムの設計、開発、運用を一手に引き受けるシステムインテグレーター（SIerと略すこともある）という業態が現れた。

　現在ではインターネットの普及やダウンサイジング（大型汎用コンピュータからパソコン等への移行）の影響を受け、インターネット・サービス・プロバイダ、サーバレンタル・保守業など様々な業態が出現している。なお、日本標準産業分類による情報関連の業種は表1-3のとおりである。平成19年の改正により、インターネット関連の業種が細分化された。

表 1-3　日本標準産業分類による情報関連の業種

30	情報通信機械器具製造業	
	303	電子計算機・同附属装置製造業
		3031　電子計算機製造業（パーソナルコンピュータを除く）
		3032　パーソナルコンピュータ製造業
		3033　外部記憶装置製造業
		3034　印刷装置製造業
		3035　表示装置製造業
		3039　その他の附属装置製造業
39	情報サービス業	
	390	管理, 補助的経済活動を行う事業所（39 情報サービス業）
		3900　主として管理事務を行う本社等
		3909　その他の管理, 補助的経済活動を行う事業所
	391	ソフトウェア業
		3911　受託開発ソフトウェア業
		3912　組込みソフトウェア業
		3913　パッケージソフトウェア業
		3914　ゲームソフトウェア業
	392	情報処理・提供サービス業
		3921　情報処理サービス業
		3922　情報提供サービス業

```
        3929    その他の情報処理・提供サービス業
 40    インターネット附随サービス業
   400    管理, 補助的経済活動を行う事業所(40 インターネット附随サービス業)
     4000    主として管理事務を行う本社等
     4009    その他の管理, 補助的経済活動を行う事業所
   401    インターネット附随サービス業
     4011    ポータルサイト・サーバ運営業
     4012    アプリケーション・サービス・コンテンツ・プロバイダ
     4013    インターネット利用サポート業
```

課題1−1.　自分が働く理由について、テキストの記述を踏まえて考えてみよう。

課題1−2.　日本標準産業分類より興味のある業種を3つ挙げ、調べてみよう。

課題1−3.　日本標準職業分類より興味のある職種を3つ挙げ、調べてみよう。

組織と Organization

　日本語の「組織」は、同質の素材である糸を縦と横につむぐことを意味するそうである。つまり縦糸（人間）と横糸（人間）が互いにからみあうこと（協働）によって組織目的を達成する。

　一方、英語では「Organization」という。これは動詞「Organize」の名詞形で、「Organ」器官・臓器をつくることという説がある。組織は目的を達成するのに必要とされる機能（器官）で構成されているようである。したがって、器官がしなければならない仕事が個人レベルまで定義され「Job description」と呼ばれる。日本語では職務内容記述書と訳される。「Job description」を欧米の会社のように運用している日本の会社はどれくらいあるだろうか。語源をみても組織に関する思想に大きな違いがあるようだ。

【参考文献】

〔 1〕内閣府 "国民生活に関する世論調査"
　　　 https://survey.gov-online.go.jp/r03/r03-life/2-3.html　参照 2022-11-30
〔 2〕A. H. マズロー　小口忠彦　訳 "人間性の心理学" 産業能率大学出版部 1987
〔 3〕小浜逸郎 "人はなぜ働かなくてはならないのか" 洋泉社 2002
〔 4〕フレデリック・ハーズバーグ　北野利信　訳 "仕事と人間性―動機づけ-衛生
　　　 理論の新展開" 東洋経済新聞社 1968
〔 5〕総務省 "日本標準産業分類"、
　　　 https://www.stat.go.jp/data/e-census/2012/kakuho/bunrui.html
　　　 参照 2022-11-30
〔 6〕総務省 "日本標準職業分類"
　　　 https://www.stat.go.jp/data/roudou/shoku.html
　　　 参照 2022-11-30
〔 7〕アダム・スミス　大内兵衛、松川七郎　訳 "諸国民の富（一）" 岩波書店 1969
〔 8〕野中郁次郎 "経営管理" 日本経済新聞社　1980
〔 9〕P. F. ドラッカー　上田惇生　編訳 "プロフェッショナルの条件　いかに成果
　　　 をあげ、成長するか" ダイヤモンド社 2000
〔10〕南澤宣郎 "日本コンピュータ発達史" 日本経済新聞社 1978

2 情報を扱う職種

　情報に関連した仕事として、事務の仕事と情報関連の専門職について述べる。事務の仕事は情報処理そのものであり、情報の取り扱いについて効率性が求められる。また熟練を要する非定型的な業務と比較的容易に遂行できる定型的な業務に分かれるが、後者はコストダウンのために派遣労働者の活用やシステム化などで活躍の場がせばまりつつある。

　情報の専門職はながく SE とプログラマに分類されてきたが、情報技術の進歩やビジネスをとりまく環境変化により業務が複雑化し、それにともない職種も多様化してきている。経済産業省はこのような状況に対応するために IT スキル標準を提唱した。

2.1 事務の仕事

2.1.1 いわゆる事務の仕事とは

　事務の仕事に限らず、すべての仕事は情報を扱う職種である。ここでは特に情報を扱う仕事の中心になるので、事務の仕事を中心に論じたい。事務とは書類の作成など主に机の上でする仕事（デスクワーク）を指す。

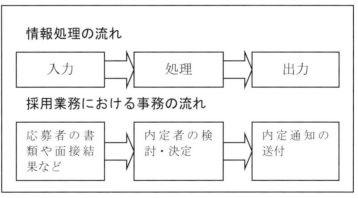

図 2-1　情報処理パラダイムでみた事務の仕事

人事、総務、経理などのスタッフ部門の仕事の他に、ライン部門でも営業事務や生産管理などの職種も含めることがある。事務の仕事とはすなわち情報処理の仕事である。情報の要約や変換を行うことにより、他の機能を助けたり、意思決定に役立てたりする働きをする。

事務の仕事は問題解決のプロセスが確立されているか否かで、定型的な仕事と非定型的な仕事に分類することができる。例えば在庫の棚卸しを行うとか、税務署に源泉徴収の届け出を行うといった仕事は、仕事の方法が確立されているので定型的な仕事ということができる。それに対し、新しい人事制度を策定するとか、内部統制を充実するために経理上の手続きを検討するといったようなことは、仕事のプロセスが確立されているとは言えないので非定型的な仕事である。

　定型的な仕事は、手順が定まっているのでコンピュータ化しやすい。あるいは遂行が比較的容易なため派遣社員に置き換えるなどの動きがある。それに対し非定型的な仕事においては業務上の知識や経験が必要となり、その仕事を担う人材の確保が必要である。職場のリーダーとして活躍するためにはそれぞれの分野においての専門的な知識が必要である。法制度の面からだけ見ても、人事の仕事であれば労働契約法、労働基準法などの労働法や社会保険に関する知識などは必須であるし、上場企業の総務担当者は株主総会の運営に関する会社法上の知識が必要である。経理の仕事であれば会社法、金融商品取引法、税法など、会社の活動のために必要な諸規制は理解しておく必要がある。また法律のみを知っているだけでも実務家とは言えない。人事などでは、例えば採用に関して短時間の評価で人を見抜く力量が必要であろうし、それぞれの仕事の特徴にあったノウハウの獲得が必要である。

2.1.2　仕事の効率化とオフィス・コンピューティング

　スタッフ部門の仕事は直接売り上げに貢献するものではないため、経営者からコスト削減の圧力にさらされることが多い。そのため熟練を必要としない定型的な仕事はシステム化されたり、派遣労働者に担当させたりすることによりコストの削減が図られている。そのため従来一般職と呼ばれていた（事務職で転勤がないという条件のものが多い）職群の採用は減少傾向にある。

　事務のシステム化は以前から活発に行われていた。基幹業務と呼ばれる会社を存続させるための主要な業務は大企業であればほとんどコンピュータ化されていると言っても過言ではない。基幹系業務の主要な課題は「量」に対応することで、例えば何千～万人にもおよぶ従業員への給与計算業務や1日に数万件におよぶ売上データの処理といった業務をコンピュータで行うことにより比較的容易にコストの削減を行うことができた。最近では開発が一巡した基幹業務の開発案件に対して、情報系と呼ばれる業務のコンピュータ化のニーズが高い。これは基幹業務で集められたさまざまなデータを分析し、方針決定に役立てるためのものである。規模の小さなものではエンドユーザ・コンピューティングと呼ばれる利用者自ら表計算ソフトウェアやデータベースソフトウェアを用いて必要な情報処理を行うものから、基幹情

報システムで集積したデータを多様な視点から解析するデータマイニングと呼ばれる大規模なものまである。

　例えば POS システムの普及により、商品単品レベルの莫大な売り上げに関するデータが集まるようになったが、単なる集計データではマーケティングやマーチャンダイジングにいかすのは難しい。そこでデータマイニングと呼ばれるデータベースソフトウェアと統計パッケージを組み合わせ、単純な集計結果を眺めているだけでは発見できない、隠れた法則を見つけるための手法が用いられている。

2.1.3　ナレッジマネジメント

　コンピュータの小型化、低価格化、またユーザインタフェースの改善により誰でも容易にコンピュータを操作できるようになった。デスクワークでは1人1台のコンピュータという環境が一般化してきている。こうしたコンピュータは主に文書作成やコミュニケーションツールとして使用される。コミュニケーションツールとしては電子メール、電子掲示板、ワークフロー（稟議書）、スケジュール管理などグループ作業の効率化を図る目的でグループウェアと呼ばれるソフトウェアが導入されることが多い。メールでのやりとりや掲示板などに蓄積された情報を検索する仕組みを付け加えることにより業務の効率化を促進するねらいがある。またこうした文書中心の業務遂行により、従来はベテランだけのノウハウとして言語化されていなかった知識（暗黙知と呼ぶ）から言語化された形式知への置き換えが行われ、組織全体の知識が増えることも期待している。このような個人の持つ知識、情報を組織全体で共有化することにより、活用を容易にして業績を向上させようとする試みをナレッジマネジメントと呼ぶ。

2.1.4　派遣労働

　会社にとって人材は経営活動に欠かせない存在であるが、同時に費用の負担も大きい。日本における雇用慣行では終身雇用が一般的であったため、人件費は固定費化する傾向にある。固定費とは売り上げの変化に比例しない費用のことである。会社の目的が利益を上げることであるのは前述したとおりだが、利益を上げやすくするた

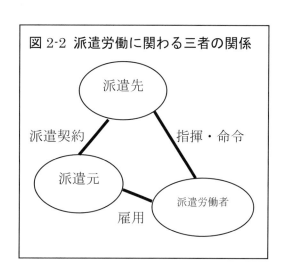

図 2-2 派遣労働に関わる三者の関係

派遣先

派遣契約　　　　　指揮・命令

派遣元

派遣労働者

雇用

めには損益分岐点（費用と売上高が一致する点、つまり利益0の売上高）を下げなければならない。損益分岐点を下げるには費用そのものを減らすか、固定費となっている費用を売上に比例する費用、つまり変動費にする必要がある。労働者派遣が可能になったために、売上が多く忙しい時期は派遣労働者を受け入れ、売上の少ない時期には正社員のみで働くということができるようになった。一時的に労働者を確保できるような仕組みが提供されたのである。

　法整備が進む前から実態としては、このような働き方はあったのだが、こうした環境で働く労働者の保護を目的として1986年にいわゆる労働者派遣法（正式名称：労働者派遣事業の適正な運営の確保及び派遣労働者の就業条件の整備等に関する法律）が制定された。その後何回かの改正を経て、2012年に「労働者派遣事業の適正な運営の確保及び派遣労働者の保護等に関する法律」に法律名が改称され、マージン率（派遣労働者の時給÷1時間当たりの派遣料金）の公開を義務付けるなど派遣労働者の保護が強調されるものになった。

　派遣労働とは従来からの雇用者と労働者という二面的契約関係ではなく、図2-2に示すように派遣元（派遣会社）と労働者（派遣労働者）、派遣先と労働者、派遣元と派遣先という三面的関係になる。

　派遣労働は派遣先には人件費の抑制、労働者確保を容易にする、派遣労働者には短期の就労や勤務先の選択肢が広がるなどのメリットがあるが、一方、労働者派遣法で禁じられている事前面接（派遣先に労働者の選択権を与える）、多重派遣（派遣されてきた労働者をさらに別の派遣先で労働させること）、偽装請負（実態は派遣先から指示を受ける派遣なのに業務請負として契約する）などの問題点も発生している。派遣労働に関しては競争力確保のためにより一層の自由化を求める声と派遣労働者の権利を確保するために行き過ぎた自由化を改めるべきという声が交錯しており、今後の動きを注視する必要がある。

2.2　情報処理の専門職

2.2.1　ＳＥ、プログラマとは（従来からの職種区分）

　コンピュータを用いたシステム構築は専門的知識を必要とすることから、1960年代のコンピュータ黎明期より専門の職種が存在した。その代表ともいえるものがシステムエンジニア（SE）とプログラマである。これらの職種区分は情報システムの開発工程と密接に関連しており、図2-3に示すように上流工程と言われる設計段階を担当するのがシステムエンジニア、下流工程と言われる実装段階を担当するのがプログラマである。伝統的なシステム開発技法はウォータフォールモデルと呼ば

れ、ひとつの工程を完了してから次の工程に進むという特徴を持っている。

　システムエンジニアにより情報システムの入出力内容（画面、帳票などのレイアウト）、コンピュータに何の情報をどのように記録するかというファイル・データベ

図 2-3　従来のシステム開発技法と担当職種

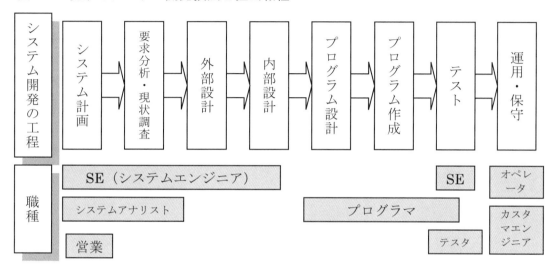

ース設計、処理方式の検討が行われ、その結果が仕様書と呼ばれるドキュメントとなる。その仕様書に基づきプログラムを作成するのが、プログラマの役割である。

　ウォータフォールモデルによる開発では、各工程の間にはレビューと呼ばれるチェックポイントを設けて誤りを次工程に持ち込まないように配慮されるが、現実問題としてレビューですべての誤りを発見するのは難しい。そのため設計段階の誤りがテスト段階になって発覚するなどの問題がおき、大幅な手戻り（作業のやりなおし）が発生して、開発コストがかさんでしまうという欠点がある。

　SE、プログラマの他にも顧客に対し情報提供を行ったり、大まかな開発内容を取り決め、契約を結ぶ営業、情報システムを経営的な側面から企画するシステムアナリスト、テスト作業を専門に実施するテスタ、完成した情報システムの運用（特にメインフレームの操作）を行うオペレータ、ハードウェアの修理を担当するカスタマエンジニアなどの職種がある。

2.2.2　ITSS

　近年では情報技術の進化や開発する情報システムの位置づけの変化により、システム開発の様態も変化が見える。その結果、システム開発を担当する職種も SE、プログラマといった従来の職種区分より分化されてきた。以下にどのような変化が

起こっているのか列挙しよう。

・基幹業務系のシステム開発が一巡し、システム開発の目的が従来の「量」的な問題解決から、競争優位を引き出すための情報提供に変化している。そのため情報化への投資に見合う見返りがあるか事前に予測することが難しくなってきた。

・その基幹業務系システムの更新の時期にあたり、費用削減の視点から従来のような一からのシステム開発を行う（スクラッチ開発と呼ばれる）のではなく、ERP（Enterprise Resource Planning）と呼ばれる基幹業務用パッケージソフトウェアを利用することが多くなっている。ERP パッケージは利用部門の実情にあわせてカスタマイズ（ソフトウェアの変更）が可能であるが、過度なカスタマイズは費用的なメリットが得られない。そのためシステム開発をする上で業務プロセスの標準化を図る必要が出てきた。

・情報システムの実装に用いる技術も Web アプリケーションなどが主流となり、従来のノウハウが使えなくなってきている。またセキュリティの確保も新たな課題としてあがってきている。

　システム開発の専門家は経営的な視点が要求され、業務プロセスを標準化するために利用者部門と渡り合えるだけの業務知識を必要とし、最新の情報技術に対応できるスキルが要求される。このような能力を 1 人の人間に期待するのは過酷であろう。そのため一部の先進的な会社では職種を細分化することにより対応しようとした。そのような状況を受けて経済産業省は細分化されたそれぞれの職種のスキル区分を明確にした ITSS（情報技術スキル標準 Information Technology Skill Standard）を提唱して、その普及を図っている。

　ITSS では職種を表 2-1 の 11 分野に分け、それぞれの分野にいくつかの専門分野を設け、合計で 35 の専門分野を規定している。またそれぞれの職種が持つべきスキルを 7 段階にわたって規定し、IT エンジニアの評価やキャリア開発のための指標となるようにしている。

　2017 年 4 月にセキュリティ領域とデータサイエンス領域の学び直しの指針としてのスキル標準が ITSS+として公開された。

表 2-1　ITSS 職種の分類と概要

職種	主な活動
マーケティング	市場動向の予測／分析、事業戦略、販売戦略、実施計画策定
セールス	顧客への課題解決策の提案

コンサルタント	ビジネス課題解決のための助言、提案、カウンシル
ITアーキテクト	アーキテクチャ（システム方式）設計
プロジェクトマネジメント	プロジェクトの管理／統制
ITスペシャリスト	システム上の課題解決に係わるシステム設計、構築、導入、テスト
アプリケーションスペシャリスト	業務パッケージの開発、設計、構築／導入、テスト
ソフトウェアデベロップメント	ソフトウェア製品の企画、仕様設定、製作、テスト
カスタマサービス	オンサイトでのソフトウェア／ハードウェア導入、カスタマイズ、保守、修理
IT サービスマネジメント	システムの運転、ネットワークの運用／監視、サービスレベル管理、機器構成管理、ヘルプデスク
エデュケーション	研修の企画、カリキュラム／教材開発、インストラクション

表 2-2　ITSS 各レベルの概要

レベル			レベルの説明
高度IT人材	スーパーハイ	レベル 7	国内のハイエンドプレイヤー＋世界で通用するプレイヤー
		レベル 6	国内のハイエンドプレイヤー
	ハイ	レベル 5	企業内のハイエンドプレイヤー
		レベル 4	独力で業務上の課題の発見と解決をリードするレベル
ミドル		レベル 3	要求された作業をすべて独力で遂行する
		レベル 2	上位者の指導の下、要求された作業を担当する
エントリ		レベル 1	最低限求められる基礎知識

表 2-3　ITSS のレベル別達成度指標の例

ソフトウェアデベロップメントの達成度指標 専門分野 応用ソフト レベル3
【ビジネス貢献】
●責任性
応用ソフトウェアに関する企画、設計、開発、カスタマイズ及び技術支援を行う製品の開発チームメンバとして、開発担当部分に関する責任を持つ。設定した品質（機能性、信頼性等）の目標を満足する応用ソフト製品開発を１回以上（レベル３の複雑性、サイズ相当）成功裡に達成した経験と実績を有する。
●複雑性
以下の２項目以上の条件に相当する先進的アーキテクチャを実装した複雑度の高い応用ソフト製品開発プロジェクトを成功裡に遂行した経験と実績を有する。
□機能要件とハードウェア、OS等の性能のバランスを考えた実装　□単一開発拠点での開発の推進　□高度な運用性、堅牢性、信頼性の要件　□１００未満のインターフェイス
●サイズ
サイズを問わず応用ソフト製品開発プロジェクトに参画した経験と実績を有する。

２.２.３　情報処理技術者の実像

　情報処理技術者の実像はどのようなものなのだろうか。先端的な情報技術に通じた将来性のある職種というイメージから、「35 歳定年説」、「多重下請構造、人月工数主義」といった暗いイメージのものまである。ほとんど定時で帰れるというエンジニアもいれば、いつも残業 100 時間超、あるいはいつ携帯電話で呼び出されるか分からず休んでいる気がしないという人もいる。現在のところ、いずれも真実である。一概に同様のイメージでくくることはできない。特に多重下請構造や十分な教育もせずにエンジニアとして勤務させる（当然、生産性も低くなるので、勤務時間も長くなる）などは初期の派遣型ビジネスモデルがもたらした、そしてそれが現在まで続いていることの弊害であろう。

課題２−１.　派遣労働に関する現在の制度を調べてみよう。
課題２−２.　ITSS の現在の状況（制度、普及の度合い等）について調べてみよう。

【参考文献】
〔　1〕野中郁次郎、紺野登 "知識経営のすすめ－ナレッジマネジメントとその時代" 筑摩書房．1999
〔　2〕情報処理推進機構 "IT スキル標準関連"
　　　https://www.ipa.go.jp/jinzai/itss/index.html　参照 2022-12-1

3 資格と適性

　本章ではまず情報に関連する資格について学ぶ。単に資格といっても、免許のようなその資格がないと仕事ができないものから、能力・技術水準をあらわす検定までいろいろなものが含まれる。ここでは資格の分類、企業が資格を重視する理由、ITSS との関連について述べる。

　資格は仕事をする能力の一部分をあらわしたものであるが、仕事をする能力はどのように捉えたらよいのだろうか。職業適性とは、そもそもどのようなものなのか。自らが適性を判断するにはどうすればよいのか。また企業は個々人の適性をどのように判定しているのか見ていきたい。

3.1　情報に関する資格

3.1.1　資格の分類

　資格と一口に言っても、（特に業として）通常は行えないことを許される本来の意味の資格と、能力がある一定の水準にあることを認める、いわゆる検定を指すことがある。前者を業務独占資格、後者を名称独占資格あるいは称号資格ということもある。業務独占資格には医師、看護師、弁護士、公認会計士、美容師、理容師など、名称独占資格には技術士、社会福祉士、調理師、中小企業診断士などがある。名称独占とは、その資格を持っている者のみが名乗れるという意味である。この他にある事業を行う際にその企業や事業所に資格保持者を一人以上置かなければならない必置資格というものがある。薬局における薬剤師、ガソリンスタンドにおける危険物取扱者乙種第4類などがその例である。

　また資格認定の実施主体によっても分類することができる。国が法令によって定めた国家資格、企業などの団体が試験等を実施している民間資格がある。また公益法人や民間が実施しているものを文部科学省等の行政組織が認定・後援しているものを公的資格ということがある。情報に関連する資格で業務独占資格はない。後述する情報処理技術者試験は国家資格（試験）の名称独占資格となる。

3.1.2　情報処理技術者試験

　情報処理技術試験は「情報処理の促進に関する法律」に基づいて、経済産業省により実施される国家試験である。情報処理の専門家であるプログラマの知識・技能の水準を認定する試験として始められたが、現在ではITに関わる人材を広くカバーする試験となっている。国家試験であるた

表 3-1　情報処理技術者試験の沿革	
昭和 44 年	試験制度発足（第一種、第二種）
昭和 45 年	試験制度の法制化
昭和 46 年	特種情報処理技術者試験　追加
昭和 61 年	情報システム監査技術者試験　追加
	二種試験年 2 回実施
昭和 63 年	オンライン情報処理技術者試験　追加
平成 6 年	試験制度大幅改正
平成 13 年	新試験制度へ移行
平成 17 年	ソフトウェア開発技術者試験年 2 回実施
平成 18 年	テクニカルエンジニア（情報セキュリティ）
	試験の追加
平成 21 年	新試験制度へ移行
平成 29 年	情報処理安全確保支援士試験追加

め特定のハードウェア、ソフトウェア等の知識、技能を試すものではなく、情報処理の原理や基礎技能について出題される。平成6年、平成13年、平成21年、平成29年と試験制度の改正が続いており、試験制度の定着の観点から望ましくないという意見もあるが、情報技術の進展に対応するためには試験範囲の細分化もやむを得ないことであろう。

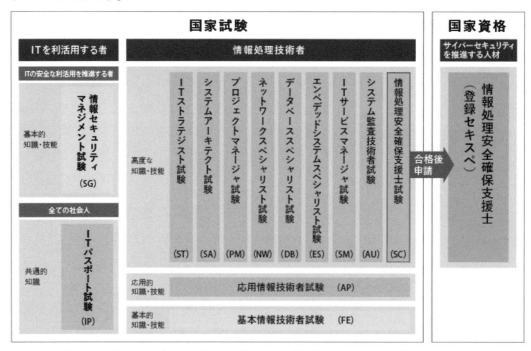

図 3-1　情報処理技術者試験の体系（情報処理推進機構 HP より）

　情報処理技術者試験は企業からも一定の評価があり、情報サービス産業に分類される企業では、試験合格者に手当を支給するなど優遇している。また情報処理技術者試験の合格者は、他の国家試験（中小企業診断士、弁理士、技術士）、ＩＴコーディネータ試験の一部免除制度が受けられる。官公庁、地方公共団体では、情報システム開発の競争入札参加申請において、情報処理技術者試験合格者数の記入を求めたり、情報処理技術者試験合格者のプロジェクトへの参画を要件としたりする例もあり、技術者の水準を示す指標となっている。

３.１.３　情報処理の民間資格

　情報処理に関連する資格では民間により実施される資格も数多くある。この民間資格もハードウェア、ソフトウェア等を提供する企業が、自社製品についての試験を実施するベンダー資格と業界団体等が実施するベンダーニュートラル資格に分かれる。

　ベンダー資格ではマイクロソフト社が自社のオフィス製品の操作能力を認定するMicrosoft Office Specialist、特定のシステム開発製品に関する専門知識とノウハウを持っていることを認定する MCP（Microsoft Certified Professional）プログラム、ネットワーク関連機器のシスコがコンピュータネットワークに関する知識と自社ネットワーク機器の操作能力を認定するシスコ技術者認定、データベースソフトウェアを提供するオラクル社が実施する Oracle Master などの資格がある。

　ベンダーニュートラル資格では IT 業界団体である CompTIA（コンプティア）が実施する A+（クライアント環境運用・管理業務）、Network+（ネットワーク技術業務）などの資格がある。

　民間資格では、資格の権威付けの面で国家資格ほどの影響力を持ちづらいが、ベンダー資格では、特定企業の製品の操作能力を問うため、一般的な知識を問う情報処理技術者試験に比べて即戦力としての能力を判断しやすい。

３.１.４　共通キャリア・スキルフレームワークと資格

　ITSS では IT サービスを中心とする専門職種を対象としていたが、ユーザ企業における IT 技術者についてもスキル標準を定めることによって、企業における情報サービスの全体像を見渡すことができ、人材の配置、育成にも役立てることができる。そこで UISS（ユーザ企業向けスキル標準）と呼ばれるスキル標準が定められた。また近年、携帯電話などデジタル機器の普及によって組込みソフトウェアと呼ばれる特定の機器専用のソフトウェアを開発する技術者が不足する傾向にあった。こうした問題を解消するため ETSS（組込みスキル標準）を定め、他の分野からの

ソフトウェア技術者の参入をしやすくした。

　ITSS、UISS、ETSS、それぞれのスキル標準の関連を明確にするために共通キャリア・スキルフレームワークを定め、それに基づき各スキル標準の見直しをはかった。2014 年には情報処理推進機構は共通キャリア・スキルフレームワークを全面刷新し、新しいスキル標準を「i コンピテンシ・ディクショナリ（iCD）」という名称で発表した。iCD におけるスキルディクショナリでは情報処理技術者試験の試験区分・出題分野と iCD の定めるスキル水準の関係が示されている。

3.2　仕事と適性

3.2.1　適性とは何か
　適性とは、個人がある分野に進んだ場合に発揮できる能力や特性のことである。上級の学校に進んだ場合にうまくやっていけるかどうかを示す進学適性やある職業についた場合に適応できるかといった職業適性がある。

　職業適性の要素として考えられるものは技術、資格などの現有能力、潜在的な学習能力などの他に、人格、欲求、価値観、興味などが挙げられる。スーパーはこれらの要素を組み合わせ「職業的適合性」（図 3-2）という概念を提示している。職業的適合性とは「人と職業のふさわしさを規定する条件」のことである。

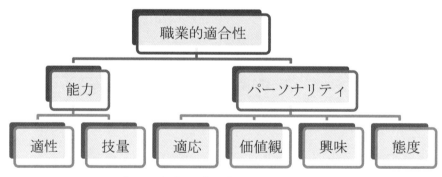

図 3-2 スーパーの職業的適合性（代表的な要素を図示した）

3.2.2　適性を考える前提
　学生ならば就職を控えて自らがどのような仕事に向いているのか考える機会は多いであろうし、勤めていても今の仕事が自分に合っているのか考える機会はあるに違いない。このように自分で自分自身を考えることを内観（内省）という。はたしてこの内観だけで適性は発見できるであろうか。自己理解を深めるにはジョハリの

窓という考え方が参考になる。ジョハリの窓とは 1955 年にジョセフ・ルフトとハリー・インガムが提案した概念である。表 3-2 のように「自分が知っている／知らない」、「他人が知っている／知らない」という二次元のマトリックスを作り、自分についての全ての事柄を 4 つの領域に分類する。自己開示によって隠蔽領域を小さくする、あるいは他者からのアドバイスを受ける入れることにより盲点領域を小さくするなどの努力が良好な対人関係や自己理解などにつながると考えられている。

表3-2　ジョハリ（Joe Luft & Harry Ingham）の窓

	自分が知っている自分	自分が知らない自分
他人が知っている自分	開放領域（「開かれた窓」ともいう）	盲点領域（「盲点の窓」ともいう）
他人が知らない自分	隠蔽領域（「秘密の窓」ともいう）	未知領域（「暗黒の窓」ともいう）

　このように内観に頼るのみでは「自分が知らない自分」について考えることはできない。適性についても同様である。他者からのアドバイス、あるいは科学的な診断などを用いて職業適性に関する開放領域を広げる努力をしなければならない。

3.2.3　キャリア形成と自己理解

　就職までの、あるいは転職や新しい職務への異動希望をだすなどして、キャリアを形成するにはどのような流れになるのだろうか。雇用能力開発機構では次のようなステップを提示している。

　①自己理解
　②仕事理解
　③啓発的経験（意志決定の前に体験してみる）
　④キャリア選択に関する意志決定
　⑤方策の実行（採用試験を受ける、異動願を出すなど）
　⑥新しい仕事への適応

　自己理解を行うためには観察法、検査法、面接法などの手法がある。自己理解はその言葉どおり自分自身に気づくことであるので、内観だけではなく、他者からどのように受け止められているのか気づくことも重要なのは前述のとおりである。

　人はそもそも知らないことについては興味を持てない。就職活動当初に、志望する企業の名前を挙げさせると CM 等で認知度の高い企業が挙げられるのは当然のことといえるだろう。しかし興味を幅広く持てなければ適職と思える仕事につける可

能性も低くなる。キャリアマトリックス等の Web サイトから提供される情報などを活用して仕事に対する理解を深めていく必要がある。キャリアマトリックスは労働政策研究・研修機構が提供する職業データベースで、仕事の概要、その職業に就くための方法、労働条件の特徴、職業プロフィールとしてどのような興味、ワークスタイル、スキル、知識を持った人に向いているのか、等の情報が約 500 種にわたり掲載されている。

啓発的経験とはインターンシップや一時的異動などの短期的な職業体験により、形式的な情報では得られない職業に関する情報を得ることが目的である。ただしこのような機会が常に得られるとは限らないことに注意が必要である。

このような情報収集を経て、意志決定を行い、その決定に基づいて行動し、新しい仕事に適応することが望まれる。

3.2.4　職業に対する興味

「子どものころなりたかった職業は？」という質問の回答は男性ならば電車の運転手やサッカー、野球などのプロスポーツ選手、女性ならばお花屋さんや看護師などが代表的なものだろう。私たちが職業に興味を持つ際は、機具を操作する職種とか、人の面倒をみる職種などと職業の特性をカテゴライズしたものではなく、職業そのものであることが一般的だろう。特定の職業に対する憧れは当然であろうが、就職を考える際に自分が興味のある特定の職業に就かなければ、それは適職ではないと考えてしまうのは早計である。

ホランドは「特定の職業環境にいる人は、類似したパーソナリティ特性とパーソナリティ形成史を示す者が多い」という経験法則にたって、職業選択の理論を構築した。それは次のようなものである。

1．大多数の人は6つのパーソナリティ・タイプ（現実型、研究型、芸術型、社会型、企業型、慣習型）に分類される。
2．現実的、研究的、社会的、慣習的、企業的、芸術的な6つの環境的モデル（職場などの組織）がある。
3．人々は自分の持っている技能や能力が生かされ、価値観や態度を表現でき、自分が納得できる役割や課題を引き受けてくれるような環境を求める。
4．人の行動はパーソナリティと環境の交互作用によって決定する。

ホランドの理論に基づき、パーソナリティ・タイプを判別するためのツールのひとつとして VPI 職業興味検査がある。この検査は列挙された各職業について興味、関心があるかないかを回答し、その結果を集計して、各領域への興味の度合いを数値化するものである。

図 3-3　ホランドのパーソナリティ、環境、あるいはそれらの相互作用の心理学的類似性を定義するための六角形モデル

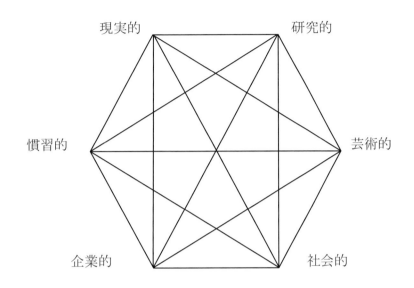

表 3-3　各パーソナリティ・タイプ、環境の説明

	パーソナリティ・タイプ	環境	関係の深い職種例
現実	秩序的、組織的な操作を伴う活動を好み、教育的、治療的活動を嫌う。	機械、動物などを、指示に従い、組織的に操作する機会が多い。	航空機整備員 野生動物保護観察員
研究	観察、言語的記述、体系的、創造的な研究を好み、説得的、社会的活動、反復を伴う活動を嫌う。	シンボルを用いて、組織的に創造的な研究を行う機会が多い。	気象学者 臨床検査技師 科学評論家
芸術	創造を目的とした、物、言語、人間性の素材の操作を好み、具体的、体系的、秩序的活動を嫌う。	あいまいで自由な非組織的活動を行う機会が多い。	文筆家 オーケストラ指揮者
社会	教育、治療など対人接触を伴う活動を好み、具体的、秩序的、体系的活動を嫌う。	発達援助や治療など他者に対する働きかけを課する要求や機会が多い。	高校教師 カウンセラー 言語療法士
企業	目標をもって他者との交渉を伴う活動を好み、観察、言語記述、体系的な活動を嫌う。	目標を達成するために他人を動かすような要求や機会が多い。	レストラン支配人 政治家

慣習	目標をもってデータの体系的、秩序的、体系的操作することを好み、あいまいで探索的な活動を嫌う。	事務機の操作など明確で、順序だった資料の操作をする機会が多い。	秘書 経理担当者 プログラマー

3.2.5　企業はどのように適性を判断するのか

企業の採用では、一般に次のような試験が行われる。

　　　1）書類審査　履歴書・エントリーシート、業務経歴書など
　　　2）筆記試験　能力検査、性格検査、小論文など
　　　3）面接試験

このような試験を通して、適性を把握（予測）し、より成果を上げる人材を確保しようとしているのである。

　書類審査の段階においては、応募者の学歴（あえて見ないようにしている企業もあるが）、職歴、意欲、興味、経験等を把握することができる。ただ書類だけでは把握しきれない面もあるので、書類だけで採用が決まることはなく、実際に応募者と面接を行うのが一般的である。面接試験においては、その企業に対する興味、仕事への熱意、仕事への適合性、自己認識能力、一般的なコミュニケーション能力、対人能力などを把握する。

　筆記試験においては一定のテーマについて記述させる小論文試験や能力検査、性格検査を組み合わせたリクルート社の SPI（Synthetic Personality Inventory）等が実施される。SPI では能力検査として言語能力、非言語（数理）能力、性格検査として情緒的側面、行動的側面、意欲的側面、性格類型が把握できるようになっている。IT 系の企業ではプログラマ適性検査が行われることもある。プログラマ適性検査では法則性の発見、論理的能力、数的能力、手順化能力などを見ることが多い。SHL 社の CAB（コンピュータ職適性テスト）は前述のような知的能力とパーソナリティの両面から適性を診断するようになっている。

　就職試験の際に行われる性格検査は応募者の一生がかかっているともいえる重大な問題なので、どうしても虚飾性（自分をよく見せようとする傾向）が高くなるとの指摘がある。こうした虚飾性を発見するような質問が組み込まれている場合もあるが、結果として偏りがでる場合も多いという指摘もある。また実際の行動は本人の性行よりも外的な要因のほうが影響するため、こうした検査は行動の予測には役立たないという見方もある。

3.2.6　コミュニケーション能力

企業が期待している能力として、よく挙げられるのはコミュニケーション能力で

ある。コミュニケーションとは双方向の情報の伝達のことである。人間のコミュニケーションをモデル化すると図 3-4 のように考えられる。

図 3-4　コミュニケーション・モデル

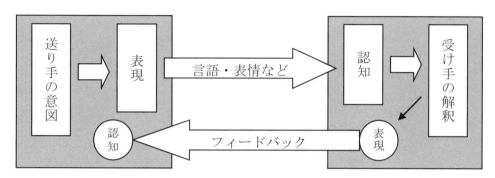

　コミュニケーション能力が高いとは、どのような状態を言うのか一概に定義することはできないが、受け手が正しく認知できるように表現すること、送り手の意図を正しく認知できることであろう。コミュニケーションは必ずしも言語を介したバーバルコミュニケーションだけではなく、非言語的な表情、動作、汗などの分泌物質などのノンバーバルコミュニケーションも含まれる。意図を表現するにあたっては、そこには情報の内容だけでなく、感情も含まれる。送り手は感情をコントロールして意図を表現できること、受け手は相手の感情に敏感であることも必要である。コミュニケーション能力を高めるには、まず聞き手としての能力を養うことである。積極的に耳を傾けることを傾聴というが、話を聞くだけでなく、相づちなど適切なフィードバックを返すことにより、より多くの情報を引き出すことができるだろう。また受け手になるばかりでなく、アサーションといって自分の意図を相手の立場に配慮しながら、自らの意図を伝えることも大切である。攻撃的、一方的に、あるいは不十分に自分の意図を主張するのではなく、相手に的確に自らの意図を伝えることである。

課題３－１．現在の情報処理技術者試験の制度について調べてみよう。

課題３－２．キャリアマトリックスなどの職業紹介の Web ページを閲覧し、自分が
　　　　　　どのような職業に興味があるのか確認してみよう。

【参考文献】

〔 １〕情報処理推進機構 “情報処理技術者試験・情報処理安全確保支援士試験”
　　　　https://www.jitec.ipa.go.jp/ 参照 2022-12-1

〔 ２〕マイクロソフト “ラーニング ホーム”
　　　　https://www.microsoft.com/ja-jp/learning/microsoft-certified-profession
　　　　al.aspx 参照 2022-12-1

〔 ３〕情報処理推進機構 “iCD オフィシャルサイト”
　　　　https://icd.ipa.go.jp/icd/ 参照 2022-12-1

〔 ４〕CompTIA Japan “CompTIA JAPAN (コンプティア 日本支局)”
　　　　 https://www.comptia.jp/ 参照 2022-12-1

〔 ５〕大久保幸夫 “キャリアデザイン［Ⅰ］　基礎力編” 日本経済新聞社 2006

〔 ６〕木村周 “キャリア・カウンセリング　理論と実際、その今日的意義” 雇用
　　　　問題研究会 2003

〔 ７〕J.L.ホランド 渡辺三枝子、松本純平、館暁夫 訳 “職業選択の理論” 雇用
　　　　問題研究会 1990

〔 ８〕村上宣寛 “「心理テスト」はウソでした。受けたみんなが馬鹿を見た”
　　　　日経 BP 社 2005

4 情報にまつわる法制度と情報倫理

社会で守らねばならないとされているルールを明文化したものが法律である。情報化社会（デジタル社会）の進展にともなって、そこから派生する問題を解決するために法律も整備されなければならない。この章では情報に関する法律について述べる。また情報化社会の進歩に法制度の整備は必ずしも追従しないので、情報化社会の影の部分をできる限り小さくするには情報倫理の涵養も欠かせないため、情報倫理についても述べる。

4.1 法律の体系

4.1.1 法

　法とは、社会生活を規律する社会規範の一種であり、「〜しなければならない」という形で、政府によって制定され、守るべきルールとして示されるものである。法以外の社会規範としては道徳がある。法と道徳の相違点は、法に違反した場合には国家による制裁（国家による強制力）があるのに対し、道徳に違反した場合には他人から批判されることはあっても国家による制裁はないことである。

　法には成文法（大陸法とも言い、代表例としてドイツ法やフランス法がある。）と不文法（コモンローとも言い、代表例としてアメリカ法やイギリス法といった英米法がある。）がある。ここで、成文法とは立法府（法律制定の権限を有する機関）によって制定され、文章で成り立っている法である。一方の不文法とは、文章で成り立っていないが法として存在する法（慣習法や判例法）である。

　日本の法（法令）は成文法が中心であり、国際法（条約）と国内法とに分けられ、国内法は、憲法をはじめ、各種の法律、政令、条例等から構成されている。日本の法の効力は、憲法が最上位にあり、次に条約、法律がきて、政令や条例がその下位にくる。

表 4-1　日本の法

名称	概要
憲法	国家の統治体制等の基本的事項を定める法。国の最高法規であり、憲法に反する法律は効力を発しない。
条約	国際法の規定に沿って締結される国家間の合意。内閣による締結後に国会の承認を得ることにより日本国内で効力を生じる。憲法に次ぐ効力を有する（ただし国際法を上位に位置づける学説もある）。
法律	国会（国の唯一の立法機関）の議決によって制定される法。
政令	政府（内閣）によって制定される命令。閣議決定によって成立する。法律の規定を実施するものと法律の委任に基づくものがある。
省令	大臣が、法律（または政令）を施行するため、および法律（または政令）の委任に基づいて行う命令。
条例	地方公共団体の議会の議決によって制定される自治立法。国の法令（法律と命令）に違反しない限り、地方公共団体の事務に関し制定できる。
規則	議院規則、最高裁判所規則、地方公共団体の規則などがあり、各組織が規定することができる。

４.１.２　六法

　六法とは、日本における主要な 6 つの法典（法律）である憲法、刑法、民法、商法（会社法）、刑事訴訟法、および民事訴訟法のことをいう（六法全書というときは、これらの 6 つの法律を中心として主要な法律を収録したものをいう）。

　憲法は国の最高法規（国家の組織や統治、基本的人権等の基本原理・原則を定める規範）である。憲法以外の法律を実体法（法律関係を定める法律：刑法・民法・商法等)と手続法（実体法の定める法律関係を実現するための手続を定める法律：刑事訴訟法・民事訴訟法等)とに区分することもある。また、私法に関する実体法と手続法を総称して民事法といい、犯罪に関する実体法（刑法）と手続法を総称して刑事法ということもある。さらに法は公法と私法に分類されることがある。公法とは国家等の公権力と私人の関係を規定する法律（例えば刑法や行政法）であり、私法とは私人間の関係を規定する法律（例えば民法や商法）である。さらに公法と私法の中間領域の法分野である、社会法（例えば労働法や社会保障法）、経済法（例えば独占禁止法）や環境法（例えば公害対策法）まで分類することがある。

　それぞれの法律は独立して存在しているのではなく、相互に関連している。例えば民事法の分野においては、民法（一般法）で原則的なルールを定めた上で、商取引の場合は商法を、土地や建物の賃貸借の場合は借地借家法を特別法として定めた

うえで、商取引については民法でなく商法を適用するなど、一般法より特別法を優先的に適用することになっている（特別法優位の原則）。また、民法や商法等では権利・義務の内容を規定する一方で、民事訴訟法では権利侵害・義務違反の場合の具体的な手続を定めている。そのため、何らかの法的問題について検討する場合には、様々な法律を考慮する必要がある。

4.2　情報に関する法律

4.2.1　情報

　情報（Information）とは、事象、事物や事実などの対象について特定の意味を有するデータをいう。情報に関する財のことを情報財（例えば、テレビ番組、音楽、小説やコンピュータ・プログラム等）という。情報財は無形の財であり、例えばテレビ番組や映画は多くの人が同時に視聴することができる（排他性がない）し、また番組や映画の生産費用（制作費用）に比べ複製費用（再生産費用、DVD 等にコピーする費用）は非常に小さい（限界費用がゼロに近い）といった特徴がある。（通常の財とは異なった点がある。）

　従来は、情報財を取引するためには、本、CD や DVD といったモノに情報を記録させることが必要だった。しかし、ネットワークやコンピュータの普及によって、情報財そのものをモノに記録することなく取引できるようになった。例えば、音楽を聴くためには、CD というモノを用いなくても、MP3、WAVE、AAC 等の電子ファイル（情報）を入手すれば可能なようになった（Winny や Gnutella などのファイル交換・共有ソフトの普及によって、情報財が正当な対価を支払うことなく取引され、映画や音楽産業などの事業に悪影響を及ぼしているとされているのは、この情報財の特性に由来している）。

4.2.2　情報に関する法律

　情報に関する法律としては、デジタル社会形成基本法、知的財産基本法、サイバーセキュリティ基本法、不正競争防止法、特許法、著作権法、商標法、プロバイダー責任制限法、個人情報保護法、不正アクセス禁止法、特定電子メール法、電子契約法、電波法、放送法、電気通信事業法、有線電気通信法などが挙げられる（他にも情報公開法、特定商取引に関する法や電子署名認証法等があり、さらに刑法の一部には情報に関する刑罰としてウィルス作成罪や電磁的記録不正作出及び使用罪等が規定されている）。

　以下で、情報に関する代表的な法律の概要を記す。なお、上記の法律のうち、特

許法、著作権法および商標法については第5章で、個人情報保護法については第6章で、それぞれ説明する。

（1）デジタル社会形成基本法

　デジタル社会形成基本法は、「デジタル社会の形成に関し、基本理念及び施策の策定に係る基本方針」を定め、「デジタル社会の形成に関する施策を迅速かつ重点的に推進」し、「我が国経済の持続的かつ健全な発展と国民の幸福な生活の実現に寄与すること」を目的とする法律である（この基本法でデジタル庁の設置も定められた。なお基本法とは、国政にとって重要な制度、政策などに関する基本的な方針や原則を明示する法律をいい、基本法と同一分野に属する法律に対して優越する性質がある）。なお、2001年に施行された高度情報通信ネットワーク社会形成基本法（ＩＴ基本法）は、デジタル社会形成基本法の施行（2021年9月1日）に伴って廃止された。

（2）知的財産基本法

　知的財産基本法は、「新たな知的財産の創造及びその効果的な活用による付加価値の創出を基軸とする活力ある経済社会を実現するため、知的財産の創造、保護及び活用に関し、基本理念及びその実現を図るために基本となる事項」を定め、「知的財産の創造、保護及び活用に関する施策を集中的かつ計画的に推進すること」を目的とする法律である。

（3）サイバーセキュリティ基本法

　サイバーセキュリティ基本法は、「サイバーセキュリティに関する施策を総合的かつ効率的に推進するため、基本理念」を定め、「サイバーセキュリティ戦略の策定その他サイバーセキュリティ戦略に関する施策の基本となる事項」を定めるとともに、「サイバーセキュリティに関する施策を総合的かつ効率的に推進」等することを目的とする法律である。

（4）不正競争防止法

　不正競争防止法とは、公正な競争と国際約束の的確な実施を確保するため、不正競争を防止するための法律である。
　不正競争防止法で禁止している主な項目は、①周知表示混同惹起行為（他人の商品等表示として需要者の間に広く認識されているものと同一又は類似の商品等表示を使用し他人の商品又は営業と混同を生じさせる行為）、②著名表示冒用行為（他人

の著名な商品等表示と同一又は類似のものを自己の商品等表示として使用する行為）、③形態模倣商品の提供行為（他人の商品の形態を模倣した商品を譲渡等する行為）、④営業秘密の侵害（秘密として管理されている事業活動に有用な非公知の情報を不正に取得し使用し第三者に開示する行為）、⑤限定提供データの不正取得等（不正な手段によって、(地図データや消費動向データといった他者と共有し利用することを前提とした）限定提供データを取得し、使用し、第三者へ提供する行為）、⑥技術的制限手段関係（技術的制限手段により制限されている影像・音・プログラムの実行を可能にする機器やプログラムを譲渡・提供する行為）、⑦ドメイン名関係（不正の目的で他人の商品等表示と同一または類似のドメイン名を使用する権利を取得し使用する行為）、⑧誤認惹起行為（商品・役務やその広告・取引資料に商品の原産地・品質・内容・数量等を誤認させる表示をし、又はその表示をした商品を譲渡等する行為）、⑨信用棄損行為（競争関係にある他人の営業上の信用を害する虚偽の事実を告知・流布する行為）等である。また、この法律は有名ブランドの模倣品の取り締まり等に用いられる法律でもある。

（5）プロバイダー責任制限法

　プロバイダー責任制限法とは、正式には「特定電気通信役務提供者の損害賠償責任の制限及び発信者情報の開示に関する法律」といい、特定電気通信（不特定の者によって受信されることを目的とする電気通信をいい、放送や電子メールは対象外）による情報の流通によって権利の侵害があった場合について、特定電気通信役務提供者（例えばインターネットサービスプロバイダや電子掲示板の管理者等）の損害賠償責任の制限及び発信者情報の開示を請求する権利を定めるとともに、発信者情報開示命令事件に関する裁判手続に関し必要な事項を定める法律である。

（6）不正アクセス禁止法

　不正アクセス禁止法とは、正式には「不正アクセス行為の禁止等に関する法律」といい、インターネット等のコンピュータ・ネットワークでの通信において、不正アクセス行為（他人のＩＤやパスワードを使用することやセキュリティホールを利用すること等）を禁止するための法律である。

（7）特定電子メール法

　特定電子メール法（迷惑メール法）とは、正式には「特定電子メールの送信の適正化等に関する法律」といい、大量かつ無差別に発信される電子メール（迷惑メールやスパムメール）を規制するための法律である（なお、電子メール広告について

は「特定商取引に関する法律」でも規制されている）。

（8）電子契約法

電子契約法とは、正式には「電子消費者契約に関する民法の特例に関する法律」といい、インターネット等での電子的な方法により締結された契約における取引のルール（契約の申込や承諾方法等）を定めるための法律である。

（9）放送法

放送法は、放送（公衆によって直接受信されることを目的とする無線通信の送信）や放送事業者（NHKや民放等）を規定する法律である。

（10）電気通信事業法

電気通信事業法は、電気通信事業の運営を適正化し、その事業の公正な競争を促進することにより、電気通信役務の円滑な提供と利用者の利益を保護し、公共の福祉を増進するための法律である。

（11）有線電気通信法

有線電気通信法は、有線電気通信設備の設置及び使用の条件を定める法律である。なお、「有線電気通信」とは、送信の場所と受信の場所との間の線条その他の導体を利用して、電磁的方式により、符号、音響又は影像を送り、伝え、又は受けることをいい、具体的には電話線や光ファイバー等による通信をいう。

4.3　情報化社会の発展と法制度の整備

情報化社会とは、情報に関する各種の活動が顕著であることを特徴とする社会のことをいう。情報化社会では、情報に関する経済規模が大きいこと、情報を扱う人の数が多いこと、情報が社会に及ぼす影響力が大きいことなどの現象が見られる。1990年代以降、インターネットや携帯電話の普及に伴い、情報化社会の用語は広く用いられるようになった。（情報化社会という用語は、アルビン・トフラー著『第三の波』（和訳 1982年）で有名になったといわれている。）

情報化社会は、産業革命後の産業社会、それ以前の農耕社会との対比で用いられることもあり、その場合には社会の発展段階の1つとしての意味となる。なお情報化社会という用語は、ネットワーク社会、マルチメディア社会、デジタル社会、等と称されることもある。

　情報に関する最近の法制度の整備を次の表に示す。プロバイダー責任法、個人情報保護法、不正アクセス禁止法、特定電子メール法、電子契約法が近年に制定されたこと、また情報に関する代表的な法である著作権法や不正競争防止法は毎年のように法改正がされていることからわかるように、近年になってから情報に関する法の整備が急速に進んでいる。(刑事法の分野においても、情報に関しては、電子計算機損壊等業務妨害、電子計算機使用詐欺罪、電磁的記録不正作出及び供用、支払用カード電磁的記録に関する罪等が制定されている。)

表 4-2　代表的な情報に関する法の公布時期等（2022 年 11 月 1 日現在）

法の名称	公布年	2015 年以降の法改正年
デジタル社会形成基本法	2021	－
知的財産基本法	2002	2015　2020　2021
サイバーセキュリティ基本法	2014	2015　2016　2018　2019　2021　2022
特許法	1959	2015　2016　2017　2018　2019　2021 2022
商標法	1959	2015　2016　2017　2018　2019　2021 2022
著作権法	1899	2015　2016　2017　2018　2020　2021 2022
不正競争防止法	1934	2015　2016　2017　2018　2022
プロバイダー責任制限法	2001	2021　2022
不正アクセス禁止法	1999	2022
特定電子メール法	2002	2017　2022
電子契約法	2001	2017
放送法	1950	2015　2017　2019　2022
電気通信事業法	1984	2015　2017　2018　2019　2020　2021 2022
有線電気通信法	1953	2015　2022

　最近の情報技術の発展によって、情報を伝える速さや量または手段は急速に変化しており、また情報自体の社会への影響力も増している。その一方で、情報技術を用いたプライバシー侵害、デジタル化による無断複製の容易化やインターネットを用いた犯罪も増えている。それに対応すべく法律も次々に制定はされている。しか

しながら急速な社会の変化には法律の整備が追いついていないのが実情である。情報化社会の影の部分をできる限り小さくするため、情報倫理の涵養が大切といわれている。

4.4　情報倫理

　情報化社会の進歩に対して、法制度を整備するにはそれなりの時間がかかる。法律だけで安心、安全な社会を築くことは以前にもまして困難になってきている。このような状況の下では、情報倫理の確立が求められるのである。倫理とは行動の規範としての道徳観や善悪の基準のことである。情報倫理が情報の取り扱いに関する行動の規範となるが、ボローニャは情報倫理には表 4-3 のような要素があると述べている。

表 4-3　情報倫理の要素

Privacy	知られたくないことを知られない権利
Piracy	知的財産権の保護
Safety	コンピュータをはじめとする情報機器の安全性
Data Security	違法なアクセスからのデータ保護
Data Integrity	データの一貫性、正しいデータが保持されること
Competence	一定の品質のプロダクトを生産する能力
Honesty	ビジネス一般に求められる誠実さ
Loyalty	ベンダーと顧客、企業と従業員などの双方向のロイヤルティ
Fairness	影響力が非対称な場合でも公正に取引できる

　プライバシーや知的財産権を保護しなければならないこと、安全性やデータの保護、データが正しく保持されることなどは理解しやすいが、一定の品質を提供する能力は倫理とどのような関係があるのだろうか。情報機器により大量の情報が処理されるようになると、少しの誤りでも重大な影響を及ぼすことになる。2005 年度におきた、みずほ証券による新規公開株の誤発注事件では、ほんの些細な入力ミスにより 400 億円超の損害を出す結果となった。これも情報システム側で警告メッセージを簡単に解除できないような仕組みがあれば防げたかもしれない。情報化社会においては、生産やサービスの提供に携わる者は、一企業の問題にとどまらず、社会全体に対する影響を十分に認識しなければならないのである。

　情報倫理を教育する場として学校、企業などが考えられる。2001 年までにすべての学校にインターネットと接続する予算処置が講じられた。これと連動して「情報モラル」が学習の対象になった。中学校では 2002 年から技術・家庭科のなかで、高等学校では 2003 年度から情報科のなかで実施されている。「情報モラル」とは学習指導要領の中における造語であり、どのような内容を意図するのか不明確であるという指摘もあるが、小学生からブログを書き始めるような現代においては、できる限り早期の情報倫理教育が必要であることに異論はないであろう。

　技術の進歩に伴い AI（人工知能）も文章作成や画像生成など部分的には人間の行いと区別できない能力を発揮するようになった。フェイクニュースの生成や AI が差別を助長するような主張をすることも実際に起こっている（人間がもともと表現していた差別や偏見を AI が学習した結果ではあるのだが）。工業の発展に伴う公害の発生など、いつの時代の技術も負の側面をもっているが、AI に限らず情報技術もそうした負の側面から逃れることはできない。情報技術が人間の不幸を拡大しないよう、正しい技術の利用について情報を扱う人材が肝に銘じておきたいことである。新しい技術が悪用される可能性があることを前提に開発を行い、サービスを提供する心掛けが必要である。

テレビ番組の録画

　テレビ番組を録画して、インターネット上で利用者に録画データを送信するサービスを提供する企業があった。それら企業とテレビ局との間で裁判が 2 件（ロクラク事件、まねき T V 事件）行われ、最高裁判所まで裁判が継続した結果、2011 年に 2 件ともにテレビ局側が勝訴となった（著作権の侵害が認められた）。

　放送法では都道府県毎に各テレビ局にテレビ放送の免許を与えている。著作権法は著作物の利用と著作権の保護のバランスを図るための法律であるが、上記の裁判の結果、利用者にとっては、例えば東京での放送を地方で視聴したり、その逆ができないことになって、利便性は減ることになり、一方、テレビ局にとって、他の地域にあるテレビ局との間で視聴者を巡る競争が生じることにならないため、テレビ局の経営に影響が生じないことになる。一方、米国での同様な裁判（Cablevision 事件）では 2008 年にテレビ局側が敗訴となった（著作権の侵害を認めなかった）。あなたは上記の裁判の結果をどう考えますか。

課題４－１．情報に関して最近話題になった法的論点と、それに関する法律について論じなさい。

【参考文献】
〔 1〕法令用語研究会 “有斐閣 法律用語辞典（第5版）” 有斐閣 2020
〔 2〕青柳幸一 “図解による法律用語辞典（補訂4版追補）” 自由国民社 2013
〔 3〕伊藤正己、加藤一郎編 “現代法学入門（第4版）” 有斐閣 2005
〔 4〕宍戸常寿、石川博康編著、内海博俊、興津征雄、齋藤哲志、笹倉宏紀、松元暢子、“法学入門” 有斐閣 2021
〔 5〕林紘一郎 “情報メディア法” 東京大学出版会 2005
〔 6〕高橋和之、松井茂記編 “インターネットと法（第4版）” 有斐閣 2010
〔 7〕“情報法入門（第6版）－デジタル・ネットワークの法律” ＮＴＴ出版 2022
〔 8〕デジタル庁 “e-Gov 法令検索ホームページ” http://elaws.e-gov.go.jp 参照 2022-11-1
〔 9〕Jack Bologna “Ethical Issues of the Information Era” Computers & Security,Elsevier Science Publishers Ltd.,9(1990)689-692
〔10〕越智貢、土屋俊、水谷雅彦編 “情報倫理学 電子ネットワーク社会のエチカ” ナカニシヤ出版 2000

5 知的財産権

あまり意識はしていないかもしれないが、身の回りには知的財産権で保護されているものがあふれている。例えば携帯電話（スマホ）を思い浮かべて欲しい。それは知的財産権の集積である。無線電話という根本的な仕組みは特許権で、端末のデザインは意匠権で、商品名は商標権で、端末を動作させるプログラムは著作権で、というようにさまざまな部分が知的財産権で保護されているのである。またインターネットの普及にともなって著作権をはじめとする知的財産権の問題もクローズアップされるようになった。そこで、この章では、知的財産権にはどのようなものがあるのか、その特性は何かについて述べる。

5.1　知的財産権とは何か

知的財産権とは、人間の知的創作活動から生まれる価値ある財産であり、かつ法律によって保護される権利をいう。知的財産権は無体物に対する権利であり、有体物に対する概念である「所有権」とは性格が異なっている。例えば、知的財産権には排他的権利を付与することにより、所有権に近い「物権的」性格を有する一方で「債権的」性格をも有しており、有体物の「所有権」とはかなり性格を異なっている（法律的には知的財産権を「準物権」と言うこともある）。

知的財産権は、知的所有権や無体財産権とも言われることがあるが、無形資産のうちの知的資産の一種である。また、知的財産権の中には特許権等の産業財産権が含まれる。

なお、知的財産基本法では、「知的財産」を、(i)「発明、考案、植物の新品種、意匠、著作物その他の人間の創造的活動により生み出されるもの（発見又は解明がされた自然の法則又は現象であって、産業上の利用可能性があるものを含む）」、(ii)「商標、商号その他事業活動に用いられる商品又は役務を表示するもの」、及び (iii)「営業秘密その他の事業活動に有用な技術上又は営業上の情報」と規定している。また知的財産基本法は「知的財産権」を、「特許権、実用新案権、育成者権、意匠権、著作権、商標権その他の知的財産に関して法令により定められた権利又は法律上保護される利益に係る権利」と規定している。

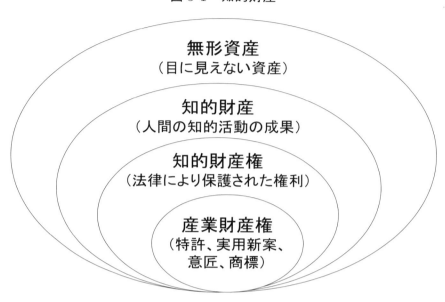

図 5-1　知的財産

主な知的財産権とそれを保護する法律としては、発明を保護する特許法、考案を保護する実用新案法、工業上の機能的なデザインを保護する意匠法、営業上の標識である商標（サービスマークを含む）を保護する商標法（以上4つの法律を総称して産業財産権法という）、思想または感情の創作的表現である著作物（小説、美術、映画など）を保護する著作権法、半導体集積回路のレイアウト（素子または導線の配置）を保護する半導体集積回路の回路配置に関する法律、植物新品種を保護する種苗法、他人のノウハウ（「営業秘密」）やモノマネ商品、商品の品質・内容を偽る表示といった不正競争を防止する不正競争防止法がある。また、営業上の標識を保護するものとして、会社名である商号を登記によって保護する商法（商業登記法）がある。

表 5-1　知的財産権の一覧

権利の種類		関係する法律	所管官庁
産業財産権	特許権	特許法	特許庁
	実用新案権	実用新案法	
	意匠権	意匠法	
	商標権 （サービスマークを含む）	商標法	

著作権	著作権、著作隣接権	著作権法	文化庁
その他	回路配置利用権	半導体集積回路の回路配置に関する法律	経済産業省
	トレードシークレット（営業秘密）	不正競争防止法	経済産業省
	原産地表示		
	インターネットのドメイン名		
	植物新品種	種苗法	農林水産省
	商号（会社等の名称）	商法（会社法）	法務省

5.2　特許

5.2.1　特許とは

　特許法第1条では、「この法律は、発明の保護及び利用を図ることにより、発明を奨励し、もつて産業の発達に寄与することを目的とする」とある。発明は目に見えない思想（アイデア）なので、家や車等の有体物のように誰かがそれを占有し支配できるというものではない。したがって、適切な保護がなされなければ、発明者は、自分の発明を他人に盗まれないように、秘密にしておこうとする可能性がある。しかし、発明を秘密にしておくことは、発明者自身が発明を有効に利用することができないばかりでなく、他の人が同じものを発明しようとして無駄な研究や投資をすることとなってしまう。そこで、特許制度は、発明者に一定期間、一定の条件のもとに特許権という独占的な権利を与えて発明の保護を図る一方、その発明を公開して利用を図ることにより新しい技術の進歩を促進し、産業の発達に寄与しようという制度といえる。

　特許法は自然法則を利用した技術的思想の創作のうち高度のもの（発明）を保護の対象としている。（自然法則を利用した技術的思想の創作のうち高度でないものは実用新案法の対象となりうる。）したがって、金融保険制度や課税方法などの人為的な取り決めや計算方法・暗号など自然法則の利用がないものは特許法での保護の対象とはならない。（ただし、ビジネスモデルについては保護される場合がある。）また、技術的思想の創作なので、発見そのもの（例えば万有引力の法則の発見）は特許法での保護の対象とはならない。

　特許の独占権を得るためには、特許庁へ発明を出願し、審査・登録を受ける必要がある。複数の人が時期を異なって、同じ発明を特許庁に出願した場合には、最初

に出願した人が特許を得ることになる（先願主義）。また特許の独占権は、特許が特許庁で登録された時に開始され、特許庁へ発明を出願してから20年後に終了する。また日本の特許は日本国内でのみ有効である（属地主義）。

5.2.2　ビジネスモデル特許

　情報技術の進歩によりコンピュータ・ソフトウェアの応用範囲が広がってきたため、流通、金融などのサービス分野を含め、ビジネス上のアイデアをコンピュータや情報ネットワークを利用して実現する事例が見られるようになってきた。しかし、このような事例においては、コンピュータやネットワークそのものには技術的特徴が乏しいため、どのようなビジネス（アイデア）を発明によって実現しようとしているかという点に注目が集まりがちである。このようなソフトウェア関連発明の特許は、ビジネス方法の特許（ビジネスモデル特許、ビジネス関連発明）と呼ばれる。

　ビジネスモデル特許（ビジネス方法の特許、ビジネス関連発明）とは、広義にはビジネス方法に係る発明に与えられる特許全般を指すが、一般にはビジネス方法がＩＣＴ（Information and Communication Technology：情報通信技術）を利用して実現された発明に関する特許を意味する。1998年の米国でのステートストリートバンク事件の判決で「ビジネス方法であっても特許になることはある」ことが示されたため、米国をはじめ各国でビジネスモデルの発明の出願が急増した。当初は、どんなビジネスモデルが特許になるかの基準が明確でなかったが、基準の明確化により純粋なビジネスモデルが特許にならないことが認識されるようになって出願件数は減少した。（特許庁によると、日本でのビジネス関連発明の出願件数は2000年に生じた出願ブーム後の減少傾向となったものの 2012 年頃からは増加に転じていること、以前は特許になる割合が他の分野に比べて極めて低かったものの近年は他の技術分野と同等の6〜7割程度となっていることとされている。一方、米国の出願件数は、2014年の米国連邦最高裁判所でのAlice判決により特許取得が困難になったため、2014年以降の出願件数は減少傾向にある。）なお、ステートストリートバンク事件で脚光を浴びた発明である「ハブ及びスポーク金融サービス構成のためのデータ処理システム」は、日本にも特願平 4-507889 号として出願されていた。しかし、2005年に特許を受けることができないことが確定した。

5.2.3　産業財産権　特許、実用新案、意匠、商標を総称して産業財産権というが、各権利の概要を次の表に示す。

表 5-2　産業財産権一覧

項目	保護対象	権利期間
特許	発明（自然法則を利用した技術的思想の創作のうち高度のもの）	登録から始まり、出願から20年で終了
実用新案	物品の形状、構造又は組合せに関する考案	出願から10年
意匠	物品のデザイン	登録から始まり、出願から25年で終了
商標	商品やサービスに使用するマーク	登録から10年、更新可能

5.3　著作権

5.3.1　著作物

著作権法第1条では、「この法律は、著作物並びに実演、レコード、放送及び有線放送に関し著作者の権利及びこれに隣接する権利を定め、これらの文化的所産の公正な利用に留意しつつ、著作者等の権利の保護を図り、もつて文化の発展に寄与することを目的とする」と規定している。

著作権は著作物（「思想または感情を創作的に表現したものであって、文芸、学術、美術または音楽の範囲に属するもの」）を保護対象としている。すなわち、著作権では、小説や絵画等の創作的表現を保護する一方で、思想や絵画の構図のようなアイデアは保護しない（著作権では、コンピュータ・プログラムにおいても、プログラムの表現は保護するが、アイデアは保護しない。なお、プログラムのアイデアは特許法で保護されうる）。著作権法で規定している著作物を以下の表に記すが、幅広い範囲を対象にしていることがわかる

表 5-3　著作物の内容

①	著作物の例示	小説、脚本、論文、講演その他の言語
		音楽
		舞踏または無言劇
		絵画、版画、彫刻その他の美術
		建築
		地図または学術的な性質を有する図面、図表、模型その他の図形
		映画

		写真
		プログラム（コンピュータ・プログラム）
②	二次的著作物	翻訳、編曲、変形、脚色、映画化その他翻案することにより創作した著作物
③	編集著作物	編集物でその素材の選択又は配列によって創作性を有するもの（百科事典、雑誌など）
④	データベース	データベースでその情報の選択又は体系的な構成によっての著作物創作性を有するもの

5.3.2 著作権

　著作権には、以下の表 5-4 で示すように多種多様な権利が含まれており、そのため著作権は権利の「束」といわれることがある。

表 5-4　著作権の分類

権利		内容
①著作者人格権		著作者の人格的な利益を保護するもの。権利を他人に譲渡できない。
	公表権	未発表の著作物を公表できる権利
	氏名表示権	氏名、ペンネームを表示できる権利
	同一性保持権	他人の修正、改変を防止する権利
②著作権 （著作財産権）		著作者の財産的な利益を保護するもの。権利を他人に譲渡できる。
	複製権	著作物を複製する権利
	上演権及び演奏権	著作物を公に上演し、又は演奏する権利
	上映権	著作物を公に上映する権利
	公衆送信権	著作物を公衆送信（自動公衆送信の場合にあっては、送信可能化を含む。）を行う権利、公衆送信される著作物を受信装置を用いて公に伝達する権利
	口述権	言語の著作物を公に口述する権利
	展示権	美術の著作物又はまだ発行されていない写真の著作物をこれらの原作品により公に展示する権利
	頒布権	映画の著作物をその複製物により頒布する権

		利
	譲渡権	著作物（映画の著作物を除く。以下この条において同じ。）をその原作品又は複製物（映画の著作物において複製されている著作物にあっては、当該映画の著作物の複製物を除く。以下この条において同じ）の譲渡により公衆に提供する権利
	貸与権	著作物（映画の著作物を除く。）をその複製物（映画の著作物において複製されている著作物にあっては、当該映画の著作物の複製物を除く。）の貸与により公衆に提供する権利
	翻訳権、翻案権等	著作物を翻訳し、編曲し、若しくは変形し、又は脚色し、映画化し、その他翻案する権利
	二次的著作物の利用に関する原著作者の権利	二次的著作物の利用に関し、この款に規定する権利で当該二次的著作物の著作者が有するものと同一の種類の権利
③著作隣接権		著作物の伝達に重要な役割を果たしている実演家、レコード製作者、放送事業者、有線放送事業者に認められた権利

　著作権は、著作物を創作した者へ原始的に帰属するが、その財産的な権利については第三者に移転することができる（人格的な権利は移転できない）。

　なお企業等の団体に勤める従業員がその職務上で著作を行った場合は、その著作権は雇用者のもの（法人著作）になる。例えば、デザイン事務所に勤務する人が、業務でデザイン画を作成した場合、そのデザイン画の権利は事務所に帰属し、また会社の従業員がコンピュータ・プログラムを業務で作成した場合、そのプログラムの権利は会社に帰属する。

　特許権と著作権の相違点としては、著作権は他人の著作物と同じものであっても独立して創作された場合は別々の著作権として併存するが、特許は誰か一人が権利を得れば、他の人は権利が得られないという点（排他性）が挙げられる。

　なお、著作権法では、一定の場合に著作権を制限して著作物を自由に利用することができることになっており、例えば、個人で利用するための著作物の複製（私的使用のための複製）、図書館等での複製や引用の場合等には著作物の利用は可能である。

　著作権は、ベルヌ条約加盟国（日本を含め世界の大多数の国が加盟している）で

あれば、著作物を創作した瞬間から発生する。日本では、2018 年の法改正により、著作権の権利期間は、個人の著作物の場合は著作者の死後 70 年間、団体名義の著作物の場合は公表後 70 年間（未公表の物は創作後 70 年間）、映画の著作物は公表後 70 年間（未公表の物は創作後 70 年間）となっている。

課題５－１. 著作権の紛争事例を１つ取り上げ、1000 文字程度で論じなさい。

【参考文献】
〔 1〕杉光一成 "理系のための法学入門（改訂第７版）" 法学書院 2011
〔 2〕久木元彰、照嶋美智子 "技術者のための知的財産権講座（第５版）" 発明協会 2002
〔 3〕寒河江孝充 "知的財産権の知識（第２版）" 日本経済新聞社 2007
〔 4〕竹田和彦 "特許の知識（第８版）" ダイヤモンド社 2006
〔 5〕半田正夫 "著作権法概説（第 16 版）" 法学書院 2015
〔 6〕愛知靖之、前田健、金子敏哉、青木大也 "知的財産法" 有斐閣 2018
〔 7〕特許庁 "産業財産権標準テキスト 総合編（第５版）" 発明推進協会 2019
〔 8〕文化庁 "著作権法入門〈2021-2022 平成 18 年版〉" 著作権情報センター 2021
〔 9〕特許庁 "特許庁ホームページ" http://www.jpo.go.jp/ 参照 2022-11-1
〔 10〕公益社団法人著作権情報センター "公益社団法人著作権情報センターホームページ" http:www.cric.or.jp/ 参照 2022-11-1

著作権違反の罰則

　刑法上の窃盗罪（他人の財物を故意に持ち去ることや無断で使用する罪）の刑罰は「十年以下の懲役又は五十万円以下の罰金」と刑法 235 条に定められている。一方、著作権を侵害した者の刑罰は「十年以下の懲役若しくは千万円以下の罰金に処し、又はこれを併科する」（著作権法 109 条）となっている。

　物を盗むよりも著作権を侵害する方が重い刑罰が科される可能性があるということである。刑罰は法益（法によって守られる利益）に応じて定められるが、これは物よりも著作物の方がより守られるべきものであるという考えの現れであろう。

6 情報化とプライバシー

　現在の憲法にはプライバシーに関する明確な権利は規定されていない。プライバシーは憲法 13 条（幸福追求権）から導き出される権利のひとつである。ICT の発達・普及に伴い、プライバシーに関する意識が人々の間で高まり、個人情報保護法が制定・改正されている。しかしながら、個人情報の漏えいは後を絶たない。個人情報やプライバシー問題に正しく対応するには、その権利の根本的な性質、技術動向にも目を向ける必要がある。

6.1　プライバシーと個人情報

6.1.1　スマホの普及からビッグデータ・AI へ

　朝夕の通勤通学の電車内が、ある種異様な光景と映るのは筆者だけであろうか。老若男女問わず、誰もが前かがみになってスマホに見入っている。ニュースを読んでいる人、SNS で知人と他愛もないチャットを楽しむ人、通販サイトを検索して注文している人、手の動きからしてスマホゲームに夢中になっている人、タブレットで新聞や小説を読んでいる人・・・。電車の中にいながら、世界中の情報にアクセスでき、モノやサービスを売買することもできる。便利な世の中になったものである。

　しかしながら、あなたが通販サイトで発注した記録、いつ、どこで、だれが、何を、いくらで購入したか、クレジットカード番号、届け先（住所）・・・などの個人情報はビッグデータとして蓄積されている。購買履歴を分析すれば、嗜好や生活パターンなど個人属性も相当の確率で推測できると言われている。それによって、興味があると推定される新商品の案内が送られてくるまではよいとして、個人情報が漏洩したらどうであろうか。しつこい営業の電話、嫌がらせメール、漏洩したクレジットカードの不正利用・・・。そのような事態になれば信頼性は低下するので、インターネットショップの利用者は減少することになるだろう。ひいてはインターネットを経由する国境を超える情報取引の健全な発展を阻害する可能性も出てくる。

　各国の法制度がバラバラで野放し状態であれば、人々は安心して取引を行うことができなくなってしまう。インターネットが普及するかなり前であるが、1980 年 9 月に経済協力開発機構（OECD）はプライバシー保護と個人データの取り扱いについて国際間で最低限守るべき事項を加盟国に勧告している。

6.1.2　OECD 理事会勧告

　経済協力開発機構（OECD）が行った「プライバシー保護と個人データの国際交流についてのガイドラインに関する OECD 理事会勧告」は、その後の各国の法整備に大きな影響を与えたと言われている。OECD 理事会は、OECD 加盟国間の情報の自由な流通を促進すること及び経済的社会的関係の発展に対する不当な障害を回避することを決意し、次の 4 項目を勧告している。

1) プライバシーと個人の自由の保護に係わる原則を国内法の中で考慮すること
2) プライバシー保護の名目で、個人データの国際流通に対する不当な障害の除去等
3) ガイドラインの履行についての協力
4) ガイドラインの適用のために特別な協議・協力の手続きへの同意

6.1.3　OECD 8 原則と日本の法制化

　勧告付属文書─プライバシー保護と個人データの国際流通についてのガイドライン（OECD 8 原則）は以下のとおりであり、後述する日本のプライバシーポリシーに関するガイドラインにも影響を与えている。

1) 収集制限の原則（適法・公正な手段による収集、同意による収集）
2) データ内容の原則（利用目的に沿い、正確・完全で最新に保つこと）
3) 目的明確化の原則（利用目的の明確化、多目的への利用制限）
4) 利用制限の原則（上記 3）の例外とすべき事項）
5) 安全保護の原則（紛失・不正アクセス等の危険からの安全保護措置）
6) 公開の原則（データに関する政策の公開、利用目的、データ管理者の識別）
7) 個人参加の原則（データ保有に関しての確認、異議申し立て）
8) 責任の原則（データ管理者が上記達成に責任があること）

6.2　個人情報保護法と情報漏えいの実態

6.2.1　個人情報保護法
（1）個人情報保護法の目的と対象情報

　日本では 2003 年 5 月に個人情報保護関連 5 法案が成立、「個人情報の保護に関する法律」（以下、個人情報保護法）は 2015 年、2020 年、2021 年に改正が行われた。2021 年の抜本改正によって、行政機関、独立行政法人、地方自治体に関する個人情報情報の取り扱いについても、原則として個人情報保護法が適用されるようになった。ただし、本稿では主として民間事業者を対象とした解説を行うこととする。

　今やインターネットに代表される ICT は欠くことができない社会インフラとなっており、私たちはその利便性を日々享受している。他方、しばしば報道されてきたように、外部からのサイバー攻撃や組織の内部犯行による個人情報の漏えい、拡散、あるいは不適切な利用によるリスクも拡大している。

　個人情報保護法は、デジタル社会の進展に伴い、個人情報の有用性に配慮しつつ、個人情報の不適切な取り扱いによって「個人の権利利益」が侵害されることを未然に防止するために、個人情報を取り扱う際に守るべき適正なルールなどを定める法律である（第1条から抜粋）。少し解説すると、「デジタル社会」とは、インターネット等の高度情報通信ネットワークを通じて自由で安全に情報を入手、提供、発信でき、先端的技術によって、あらゆる分野で創造的で活力ある発展が可能な社会のことである。なぜ「未然に防止」する必要があるのか。それは、ひとたび個人情報が漏洩すれば、情報という財の性格上取り返すことは困難であり、コピーの限界費用はほぼゼロである。実際、SNS などを通じての情報拡散は速く、未然の防止が肝要である。

（2）義務の対象となる個人情報取扱業者等

　個人情報保護法の義務を負うものは、1）原則として「個人情報取扱事業者」である。なお、国公立の大学や病院・診療所は、私立の大学や病院・診療所と同様に扱われる。2）「個人情報データベース等」を事業の用に供している事業者、3）その他の義務者（仮名加工情報取扱事業者、匿名加工情報取扱事業者、個人関連情報取扱事業者）である。事業者の義務の概要については、表6-1を参照されたい。

表 6-1　個人情報保護法上の事業者の義務

種別	事業者の義務等
個人情報	・利用目的の特定、利用目的による制限、取得に際しての利用目的の通知・公表 ・不適正な利用の禁止、適正な取得、・苦情の処理
個人データ	・データの正確性・最新性の確保、・安全管理措置、従業員の監督、委託先の監督、漏えい等の報告、　・第三者提供の制限、外国にある第三者への提供の制限、第三者提供にかかる記録の作成等、第三者提供を受ける際の確認等
保有個人データ	・開示等に必要な手続等についての公表、本人からの求めに対して開示・訂正・利用停止等に応じる義務
要配慮個人情報	・本人の同意なき取得の原則禁止、オプトアウト手続きによる第三者提供の禁止
個人関連情報	・第三者提供の制限等

出所：小向（2022）P.218 を抜粋して記載

個人情報取扱事業者が個人情報を取り扱う場合、利用目的の範囲を明確に公表することや適正な取得等が求められるが、その種別ごとに守らなければならないルールが定められている。

（3）個人情報保護法上の情報区分

　表6-2に情報区分を示した。例えば、名刺は特定の個人を識別できるので個人情報に該当する。これをコンピュータに入力して個人情報データベースとすれば、体系的に整理され検索が可能となるので、この時点で個人データとなる。自社がコントロールする権限（開示、訂正等、利用停止等）をもつものを保有個人データと呼ぶ。

表6-2　個人情報保護法上の情報区分

種別	定義
個人に関する情報	特定の個人と関係するすべての情報（他の種別もすべて個人に関する情報に含まれる）
個人情報	生存する個人に関する情報であって、①当該情報に含まれる氏名、生年月日その他の記述等により特定の個人を識別することができるもの、または、②個人識別符号が含まれるもの
個人データ	「個人情報」であって、個人情報データベース等（個人の情報をコンピュータによる検索等ができるように体系的に構成された個人情報を含む情報の集積物）を構成するもの
保有個人データ	「個人データ」であって、個人情報取扱事業者が開示・訂正・利用停止・提供停止等を行う権限を持つもの
要配慮個人情報	「個人情報」であって、個人に対する不当な差別、偏見その他の不利益が生じないようにその取扱いに特に配慮を要する記述等が含まれるもの
仮名加工情報	他の情報と照合しない限り特定の個人を識別することができないように「個人情報」を加工して得られる「個人に関する情報」、照合が容易な「仮名加工情報」は、「個人情報」に当たる
匿名加工情報	特定の個人を識別することができないように「個人情報」を加工して得られる「個人に関する情報」であって、当該個人情報を復元することができないようにしたもの
個人関連情報	生存する個人に関する情報であって、個人情報・仮名加工情報・匿名加工情報に当たらないもの

出所：小向（2022）P.217を一部修正して記載

　個人データと保有個人データでは、特に取り扱いに配慮すべきものを要配慮個人情報として定義し、厳格な義務を課している。取得に当たっては本人の同意を必要とし、オプトアウトによる第三者提供を例外なく禁止している。要配慮個人情報とは、以下の①〜⑦のいずれかが含まれる個人情報である。①人種、②信条、③社会的身分、④病歴、⑤犯罪の経歴、⑥犯罪により害を被った事実、⑦政令で定める事項（心身の機能の障害、健康診断等の結果、他）

　図6-1は、表6-2にある情報区分の関係を分かり易く整理した図である。

図6-1　情報区分のイメージ図（民間事業者）

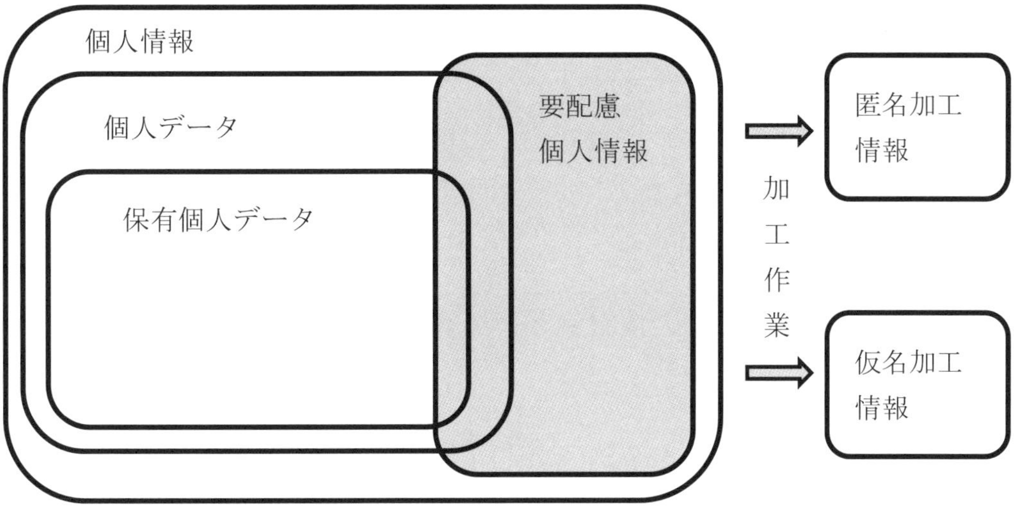

出所：岡村（2021）P86を改編

（4）過剰反応と罰則

　個人情報保護法については、施行直後から事業者等の過剰反応が社会問題化した。例えば、政治家などの公人や企業の不祥事の際などに情報隠しの口実に使われたり、災害時に必要な安否情報が社会に届かなかったりということが度々起きた。また、学校のクラス名簿や自治会名簿の作成にも支障が出ているとの声も聞く。これらは「個人情報の保護」という言葉だけが独り歩きしたケースであり、過剰反応・過剰保護と考えられる。改正法の趣旨を正しく理解した上での節度ある言動が望まれる。

　次に、法律に違反した場合、どのような措置を受けるのであろうか。プライバシーを侵害した場合は、被害者本人から、裁判所を通じて侵害行為の差し止め請求や損害賠償請求などが行われる可能性がある。これに対してこの法律では、当事者間の話し合

いによる苦情処理による解決の仕組み（当該事業者・国民生活センター・地方公共団体など）、個人情報保護委員会（報告・立ち入り検査、指導・助言、命令）が用意されている。違反行為があった場合は、行為者だけではなく事業者（法人・人）も処罰を受けることになる（両罰規定）。虚偽報告などでは50万円以下、命令違反の場合は1億円以下の罰金刑とされている。また、個人情報取扱事業者もしくはその従業者等が、その業務に関して取り扱った個人情報データベース等を自己や第三者の不正な利益を図る目的で提供または盗用したときは、1年以下の懲役または50万円以下の罰金が課される。他の職務への異動、退職していても免れることはできない。なお、個人情報保護法についてさらに学習したい場合は、章末の専門書を参照されたい。

　最後に、先端的と言われるEUの状況について若干触れたい。EUはEU域内の個人データ保護を規定する一般データ保護規則（GDPR）を施行している。違反した場合、最大で売上高の4％または2,000万ユーロのどちらか大きい額を課徴金として課す重い罰則が規定されている。EU域内での活動は勿論のこと、情報を域外に持ち出す場合にも適用されるので、情報漏洩を防止するため相当の注意と監督を尽くし、説明できる体制を整える必要がある。

6.2.2　統計に見る個人情報漏えいの実態

　個人情報の漏えい事故・事件の実態はどうなっているのだろうか。㈱東京商工リサーチによる調査報告を見てみよう。調査対象は、上場企業とその子会社に限られるが、その傾向はつかめる。図6-2を参照されたい。上場企業であることから一定のセキュリティ対策を施しているはずであるが、調査を開始した2012年から社数・情報漏えい・紛失事故件数とも概ね右肩上がりの傾向を示しており、2019年から2021年は3年連続して増加している。

　それでは情報漏えい・紛失事故の原因はなんだろうか。図6-3を参照されたい。ウイルス感染・不正アクセスが5割を占め圧倒的に多い。以下、2位は誤表示・誤送信の31.3％、3位は紛失・誤廃棄の11.6％、4位は盗難の5.8％、5位はその他1.4％となっている。1事故あたりの情報漏えい・紛失件数の単純平均も、ウイルス感染・不正アクセスが、110,745件と突出している。これは不正アクセスによるサイバー犯罪で、紙媒体が中心の紛失・誤廃棄の32,818件に比べて大きい。個別には、不正アクセスによる情報漏えいで、マッチングアプリを運営しているN社が171万件、航空大手A社が100万件、航空大手N社が92万件分のデータが漏えいした事件が大きく影響している。インターネット経由の情報漏えいでは、サイバー攻撃による被害が拡大する傾向にある。

図 6-2 情報漏えい・紛失事故 年次推移

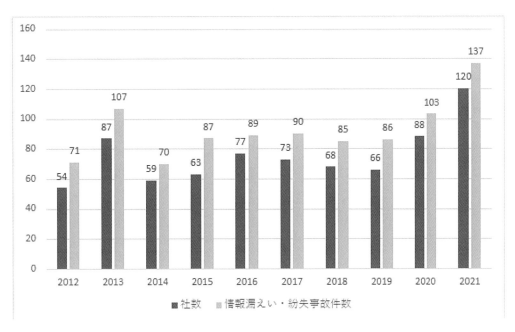

出所：東京商工リサーチ 「上場企業の個人情報漏えい・紛失事故は、調査開始以来最多の 137 件 574 万人分（2021 年）」より

図 6-3 漏えい・紛失事故 原因別

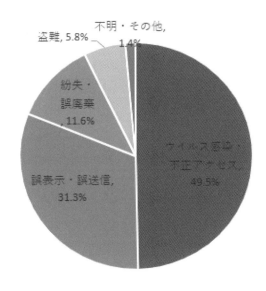

出所：東京商工リサーチ 同前

6.2.3　個人情報の漏えい事例
（1）インターネット通信S社

　2004年1月に個人情報の漏えいが発覚した某**プロバイダー会社**会員の個人情報は約451.7万件で、その内容は氏名・住所・電話番号等で、クレジットカード番号や銀行口座、パスワードなどの信用情報は含まれていなかったと報道されている。本件は2件の恐喝未遂事件がほぼ同時期に発覚したものであるが、原因の1つ目は派遣された社員のユーザーIDとパスワードが、退職後も有効だったため悪用されたことによる。まさに、データベースへのアクセス権限者が多数いたことおよびパスワード管理の問題が指摘された事件である。2つ目はUSBコネクタが利用可能だったため大量の情報が容易にコピーされ持ち出されたことである。

　事件発覚後の会員に対する対策としては、現会員には情報が漏えいしたかどうか結果をメールで伝えた。また、会員全員（解約または無料キャンペーン中のユーザーを含む）に500円の金券を送付し、不安な場合はメールアドレスを無料で変更できるようにした。なお、見舞金として金券を送付した他の事例としては、コンビニA社（500円の商品券）およびコンビニB社（1,000円のプリペイドカード）がある。

（2）宇治市住民基本台帳漏洩事件

　宇治市が住民基本台帳を利用したシステム開発を民間業者に委託したところ、再々委託先のアルバイト従業員が、住民21万人分の台帳（氏名、性別、生年月日、住所、転入日、転出日、世帯主名、続柄）をコピーして名簿業者に販売したというケースである。同市の市議ら3人が宇治市に対して損害賠償を求め訴訟を起こした。京都地裁は、原告1名当たり1万円の賠償金ならびに訴訟費用5,000円の支払いを命じる判決を下した。最高裁が上告を棄却したことで賠償金が確定した。

　漏えいした情報はいわゆる基本情報であり何か損害が発生した訳ではないにも係わらず、漏えいした事実によって一人当たり1万円の慰謝料を命じる判例は、その後の同種の訴訟に影響を与えた。また、再々委託先が起こした事件であるが、市に実質的な指揮・監督関係にあったとして宇治市に使用者責任を認めた判例は、アウトソーシング先の選定・契約・管理に影響を与えた。

（3）エステティックサロン社事件

　2002年5月、大手エステティックサロンが管理していた約5万人の顧客・アンケート協力者の個人情報がネット上に流出したケースである。流出した内容は、住所・氏名・電話番号・問い合わせた内容および第三者に知られたくない個人的な体の悩み等のセンシティブ情報（要配慮個人情報）を含んでいた。原因はコンピュータを移設

した際にセキュリティ設定をミスしたというもので、技術的な人為的ミスと言えよう。その結果、いたずら電話やメール、各種勧誘など二次被害が発生したと報道されている。

　2007 年 2 月 8 日、東京地裁は「情報保護のために安全対策を講じる法的義務を怠り、プライバシーを侵害した」として 17,000 円（1 人）、30,000 円（13 人）の慰謝料および 5,000 円の弁護士費用を加算した支払いを命じた。二次被害者の不安・精神的苦痛を軽視できないとして（2）宇治市住民基本台帳漏洩事件を上回る慰謝料を認定したもので、今後の同種の訴訟に影響を与えると思われる。

（4）大手通信教育 B 社

　2014 年 6 月頃から大手通信教育 B 社の顧客に他社からダイレクトメールが届くようになり、個人情報が漏えいしているのではないかという問い合わせが急増、社内調査の結果、約 3,504 万人分のデータが外部に持ち出され名簿業者に売却されていたことが判明した事件である。B 社のグループ企業に勤務していた派遣社員のエンジニアが生活に困ってやったことを自供、逮捕された。その結果、B 社は信用を失墜し会員数は減少、平成 26 年度および 27 年度決算は赤字に転落した。情報セキュリティ対策における費用の内訳は、お詫び費用 200 億円、お詫び文書の発送費用、お客様からのお問合せ対応費用、個人情報漏えいに対する調査・情報セキュリティ対策等に係る費用は 60 億 3,900 万円に上った。一人の不心得者による情報漏えいが、長年築いてきた信用を揺るがし、希望退職者を募る事態に陥り、財務的にも会社に甚大な損害を与えた事例と言えよう。

6.2.4　個人情報漏洩対策

（1）役職員教育とアウトソーシング先との契約

　図 6-3 の原因別で見たように、人為的ミスである誤表示・誤送信の要因は 2 番目に大きい。これらは労働環境の改善、継続的な従業員教育の実施によって、ある程度発生確率を抑えることはできる。一方、被害者数割合ではウイルス感染・不正アクセスが 5 割を占め、社会的な影響度は極めて大きい。これらはインターネットを経由したサイバー攻撃であり、インターネットに接続しているシステムは、国内のみならず海外からの攻撃に 24 時間絶えず曝されている。サイバー攻撃は、高度化し巧妙に変化している。守る側のセキュリティ対策とイタチごっこと言わざるを得ない状況にある。個人情報が流出した時の経営への影響は深刻である。費用帯効果を十分に考慮しつつ、可能な限り最新の対策導入を検討すべきである。

（2）システム対策

　個人情報のシステム的なセキュリティ対策については別に専門科目があり、また技術進歩によって変化する。本稿では簡単な項目の列挙にとどめる。

① アクセス規制
    ― セキュリティ区画の設定と入退出管理
    ― 階層化、パスワード管理
    ― 生体認証システム（指紋、声紋、サインなど）
② ソフトウェア・ハードウェア
    ― ファイアウォールの設置
    ― ウイルス対策ソフトウェア
    ― ログの管理、フォレンジック（証拠保全）
    ― IDS（侵入検知システム）
    ― 暗号装置
    ― 外部記憶媒体（USB メモリ、ポータブル SSD）の PC 端末での利用制限
③システム検査、第三者による監査、コンピュータフォレンジック調査、他

（3）個人情報漏洩保険

　経営体が事業活動をする以上、その役職員および外部業者が個人情報を取り扱うことは避けられない。どんなに個人情報保護に関する教育を行い、アウトソーシング先と守秘義務契約を結んでも、人間が業務を行う以上、故意ではないにせよ、うっかりミスも決してなくならない。また、高価な最新のセキュリティシステムを導入しても、侵入者も高度化する。内部犯行を完全に防ぐことはできない。

　個人情報やプライバシーに対する権利意識が高まってきている。前述した個人情報漏洩対策はもとより、万一個人情報の漏洩が発覚した場合には被害者への迅速かつ適切な対応が極めて重要である。さらに、マスコミ・監督官庁・株主・従業員に対しても危機管理のプロによる対応が有効と言われている。また、必要に応じて被害者へのお見舞金の支払い、訴訟ともなれば争訟費用および賠償金の支払いなど財務的な影響は免れない。事業体にとって大手の損害保険会社が取り扱っている個人情報漏洩保険を利用するのも財務的なリスクヘッジの有効な手段として検討に値すると言えよう。

6.3　プライバシーポリシー

6.3.1　法令とガイドライン

　個人情報を収集しようとする経営体は、個人情報の収集・利用目的、取り扱いに関

する方針を明確に文書化して提供する必要がある。この文書化された個人情報の取り扱い方針を「プライバシーポリシー」と言う。プライバシーポリシーはホームページに掲載されていることが多いが、アンケートや懸賞、商品の購入に伴うユーザー登録などでも表示閲覧できるようにすることが求められている。

　個人情報保護に関するマネジメントシステムを導入する企業が増えている。定めたプライバシーポリシーのもと、計画を立案（Plan）、実施（Do）、点検（Check）、改善（Action）する「PDCA サイクル」を回すことで、個人情報保護の水準を維持・改善する仕組みである。それでは、個人情報を取り扱う民間事業者は何を基準に対策をとればよいのであろうか。個人情報保護法の適切な取り扱いを確保する目的で設立された「個人情報報保護委員会」のホームページにアクセスすると、法律、基本方針、政令、規則、ガイドライン・QA 等が掲載さているので、興味のある読者は参照されたい。

6.3.2　プライバシーマーク制度

　財団法人日本情報処理開発協会が個人情報について適切な保護措置を講ずる体制を整備している事業者を認定して、その旨を示すプライバシーマークを付与し、事業活動に関してプライバシーマークの使用を認める制度である。JIS Q 15001:2006（個人情報保護マネジメントシステム‐要求事項) に基づいた個人情報保護体制が適切に運用されているか否かが認定基準である。その目的は、個人情報の保護に関する消費者の意識の向上を図ることと、適切な個人情報の取扱いを推進する事業者に社会的な信用を得るためのインセンティブを与えることである。第三者機関からお墨付きをもらうことにより、個人情報の保護に積極的に取り組んでいる姿勢を示せることから、プライバシーマークを取得する企業等が増えている。

図 6-4　プライバシーマーク

課題６－１. マスコミで報道された情報漏えいの原因を調べて、情報の流出を防ぐ方策を考えてみましょう。

【参考文献】

〔１〕経済協力開発機構（OECD）"プライバシー保護と個人データの国際交流についてのガイドラインに関する OECD 理事会勧告"
http://www.mofa.go.jp/mofaj/gaiko/oecd/privacy.html（日本語訳）参照 2009-02-28

〔２〕小向太郎 "情報法入門　デジタル・ネットワークの法律　第 6 版" NTT 出版 2022

〔３〕大谷尚通、他 12 名 "2016 年度 情報セキュリティインシデントに関する調査報告書" NPO 日本ネットワークセキュリティ協会 2017

〔４〕岡村久道 "個人情報保護法の知識　第 5 版" 日経 BP 日本経済新聞社 2021

〔５〕東京商工リサーチ　上場企業の個人情報漏えい・紛失事故調査
https://www.tsr-net.co.jp/news/analysis/20210117_01.html （2022 年 10 月 19 日検索）

プライバシーと言論・表現の自由

　プライバシーが意味するところは時代により変化している。従来は「私生活をみだりに公開されない」という法的保障ないしは権利を意味していた。テレビ・新聞・雑誌などマスメディアによる私生活への干渉に対抗する「ひとりで放っておいてもらう権利」として発展してきた。

　情報化社会の進展にともない、最近では国家や企業などが保有する自己に関する情報の訂正、削除などを求める権利が叫ばれるようになった。これを積極的プライバシー権（自己に関する情報をコントロールする権利）と言う。

　マスメディアの言論・表現の自由とプライバシー権を巡る問題に興味のある人は、「宴のあと」「小説『石に泳ぐ魚』事件」「シャルリー・エブド襲撃事件」などを調べてみよう。

7 情報リスクマネジメント

　情報化社会は私たちにさまざまな恩恵をもたらす光の部分、ちょっとした誤りが大きな被害をもたらすといった影の部分がある。その影の部分をできる限り少なくして、恩恵を享受できるようにするにはどうしたらよいであろうか。ここでは情報にまつわるリスクの種類とリスクに対応するための指針について学ぶ。

7．1　情報リスクマネジメントとは

7．1．1　情報にまつわるリスク

　情報を取り扱う企業・公的機関・NPO（以下、事業体）は様々な危険にさらされている。火災・地震・噴火・津波・落雷・風水害・動物・電力障害などによるハードウエアの障害。ソフトウエアのバグ、データの入力ミスや誤操作によるデータの削除。なりすまし・不正アクセスによるデータの盗用や改ざん・スパイウエア・ウイルス・踏み台攻撃など外部からの攻撃。さらに、内部犯行による個人情報の漏洩など様々なリスクが存在する。

　ひとたび事故や災害が発生すると、事業体として甚大な被害がおよぶことがある。例えば、銀行のシステムが何らかの原因でダウンした場合、ATM での現金の引き出しや送金ができなくなったとしよう。手形等の決済日であれば、それが原因で倒産に追い込まれる企業もあるかもしれない。クレジットカードの番号や暗証番号が流出してしまったら、不正使用による被害の拡大が予想される。顧客の会員情報（個人情報）が流出した場合、お客様から信用を失うことによって解約が増えるかもしれない。風評被害が広まり、対応が悪ければ訴訟に発展するケースも考えられる。また、上場企業であれば業績の悪化に伴う株価の下落もあり得る。

　事業体が日々活動をする以上、リスクは必ず発生する。情報リスクを完全に無くすことなど不可能である。とかくウイルスに備えるファイヤーウォールやワクチン、マシンの故障や改ざんに備えるバックアップなど、技術的な情報セキュリティ対策に目を奪われがちであるが、事業体を脅かすリスクを全体的に捉えて、経営的な視点で対策を立てることが重要である。

　情報リスクマネジメントは、事業体として情報リスクを把握し、適切な経営判断

（リスク保有、リスク防止、リスク回避、保険加入）をして、対策を実施することである。その際重要なのは、組織的・継続的・計画的に取り組むことであり、費用対効果（コスト）の視点も欠かせない。

７．１．２　情報リスクマネジメントのメリット
　情報リスクマネジメントを行うメリットは以下のとおりである。
（１）情報システムおよび情報資産の把握と効果的な管理運営
　情報システムはハードウエア（ホストコンピュータ、パソコン、プリンタ、ルータ、専用回線、他）やソフトウエア（OS、各種アプリケーションソフト）など多くの資産から構成されている。その資産価値の評価にあたっては、会計学的な価値のみならず、そこに保管されている顧客データ・会計情報・取引先情報・著作物など各種の情報やデータを把握することによって、事故や災害の発生時の損失を経営として数値的に把握できる。そうすることによって、費用対効果を視野に入れた管理運営が可能となる。結果として財務的な収益の変動を減少させることが出来る。

（２）事故・災害発生時の対応
　万一、事故や災害が発生した場合の情報システムの復旧計画、業務の継続計画を事前に立てておけば、あわてることなく被害を許容範囲内に抑えられる可能性が高くなる。また、事故や災害発生時にステークホルダー（顧客、株主、従業員、仕入先、監督官庁、マスコミなど）への対策を十分に立てていれば、顧客離れや訴訟、株価の下落といった二次的被害による損害も減少させることができる。

（３）リスクの保険への転嫁
　どんなに費用をかけてセキュリティ対策をしても事故・災害を完全に防ぐことはできない。また、災害復旧や業務継続が計画した通りうまく機能したとしても、発生した経済的な損害は事業体にとって大きな負担となる。そこで、（１）の分析に基づいて合理的に保険を掛けることによって、経営への財務的な影響を限定的にすることができる。また、各種リスクマネジメントの導入によって、保険料の割引や広い担保範囲の獲得も期待できる。

７．１．３　リスクマネジメントの基本的なアプローチ
　企業のリスクマネジメントは個別の危機管理からグローバルスタンダードとされる COSO（米国のトレッドウェイ委員会）が発表した内部統制に関する報告書のフレームワークが使われるようになってきている。情報処理部門のリスクマネジメント

も全社的な視点によるリスクマネジメント（ERM）が進むものと思われるが、ここではリスクマネジメントの基本的なアプローチについて述べる。

図 7-1　リスクマネジメントの基本的アプローチ

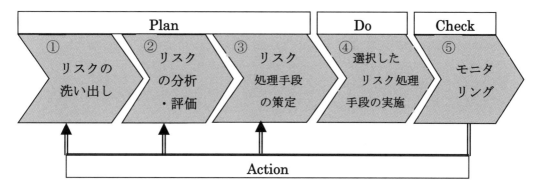

① リスクの洗い出し：　ブレーンストーミング/アンケート等の実施
② リスクの分析・評価：　発生頻度と強度による分析 / リスクマップの作成
③ リスク処理手段の策定：　回避・移転・防止・保有 / 手段の選択（7.3.1 を参照）
④ 選択したリスク処理手段の実施：　予防・対策の実施、保険加入
⑤ モニタリング：　費用対効果を確認し、必要に応じて①、②、③の過程に戻る

７．１．４　情報リスクマネジメントの担い手

　7.1.3 で説明したリスクマネジメントの基本的なアプローチを実施するためには体制を整備する必要がある。事業体によって異なるが、リスク管理部、経営規格部、総務部などが全社的なリスクマネジメントの事務局となって情報システム部門と協力して実施することが多いようである。その実施段階では情報システムの効率的な運用を目指すシステム管理者と、安全性に責任を持つセキュリティ専門家は立場が異なることから、システムの運用面で意見が合わないこともあり得る。そのような時は、後述するセキュリティポリシーに照らし合わせて、経営者を交えてどうすべきか方向性を出すことが大切と言われている。

　ところで、リスクマネジメントを担う部門は、実際の企業では専門組織として存在するのであろうか。大和総研の調査(2006)によれば、リスクマネジメントを専門に統括する部門を設置している上場企業は 2004 年の調査では 37%であったが、2006年では 46%に増えている。企業は事故や不祥事に対する危機感の高まりとともに、有価証券報告書へのリスク情報およびリスク管理体制の開示、会社法における内部統制の要請も背景にありリスクマネジメント体制の整備が進んだのではないかと推測される。

一方、中小企業やNPOなど規模が小さい事業体では、セキュリティ専門家の確保は経済的にも人材的にも難しいことが予想される。外部から新たに雇用するか内部のスタッフを育成することも考えられるが、外部コンサルタントの活用や情報セキュリティ会社へのアウトソーシングも選択肢として検討すべきであろう。

７．２　セキュリティポリシーと情報セキュリティ規格

７．２．１　セキュリティポリシー

　かつてのようにホストコンピュータ中心の情報システムの時代には、情報にアクセスする人間および外部との情報交換は限られていた。その時代には情報資産の機密性・完全性・可用性を維持する情報セキュリティを一元的に行うことが可能であった。しかしながら、インターネットが発達しパソコンが普及した今日、多くの人が業務上、パソコンを利用し外部環境と情報の交換をしている。そこで高度にネットワーク化した環境で情報資産を守るために組織的に意思統一され、明文化された文書が必要になった。

図 7-2　情報セキュリティポリシーの実施サイクル

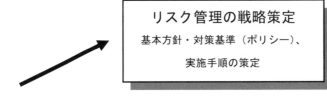

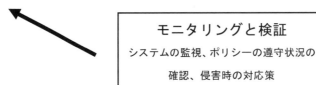

セキュリティポリシーとは、事業体がその策定した情報資産を守るために統一的な方針のことで、事業体全体に対する情報リスクに対応するための土台となる。その内容は、どのような情報資産をどのような脅威から、どのようにして守るかについて基本的な考え方ならびに情報セキュリティを確保するための体制、組織および運用を含めた規定で、情報セキュリティ基本方針と情報セキュリティ対策基準からなっている。

　情報技術は極めて速く進歩しているので、ある時点で講じた最高の情報セキュリティが、将来にわたっても安全とは言えない。いかに破られないかのみならず、破られた時にどう対応するかについての対策も適切に規定する必要がある。つまり継続的な取り組みを必要とする。情報セキュリティポリシーは、図7-2で示した、リスク管理の戦略策定（Plan）→コントロール活動の企画・実施（Do）→モニタリングと検証（Check）→リスク管理プロセスの改善（Action）の実施サイクルをとる。

７．２．２　情報セキュリティ規格
　それでは情報セキュリティ対策として、何をどの程度まで行えば良いのか。目安となる基準が情報セキュリティ規格である。

　情報セキュリティの国際的な規格としては、国際標準化機構のISO/IEC17799およびISO/IEC15408、英国のBS7799、米国のWeb TrustおよびBBB On Line、韓国のeTrustなどがある。

　日本では、財団法人日本情報処理開発協会のISMS（情報セキュリティマネジメントシステムの略）がある。ISMS制度推進室によれば、ISMSの構築・運用・認証取得のメリットを以下のように整理している。

（1）ISMSを構築・運用するメリット
　1）技術面及び人間系の運用・管理面の総合的なセキュリティ対策が実現できる。
　　－社員のスキル向上、責任の明確化、緊急事態の対処能力の向上など。
　2）総合的マネジメントの視点から、効率的なセキュリティ対策が実施できる。
　　－費用対効果を考えた資産管理、リスクマネジメントの定着など。
　上記の活動を継続することにより、セキュリティ意識の向上などの効果が期待される。

（2）ISMS認証を取得するメリット
　1）対外的には、情報セキュリティの信頼性を確保できる。
　　－顧客や取引先からのセキュリティに関する要求事項の満足など。

2）内部的には、事業競争力の強化につながる。

－入札条件や電子商取引への参加の条件整備など。

特定システムオペレーション企業等認定制度での申請時における必要条件になっている。

7．3　リスクファイナンス

7．3．1　リスクマネジメント手段としての保険

リスクマネジメントの手段として保険を活用するメリットは、抱えるリスクから発生し得る事業体への財務的な損害を、確定的な保険料で転嫁できる点にある。それではどのようなリスクに対して保険を掛ければよいのであろうか。表7-1にあるようにリスクの発生する頻度と強度（影響度・損害規模）に分けて考える。

一般的には下記の＊2、ごく稀にしか事故は起こらないと思われるが、万一起きたときに財務的な影響が大きいと判断される案件に関して保険の手当てを検討すれば良い。

表 7-1　リスクマネジメント手段の選択

		強　度　（影響度・損害規模）	
		小	大
頻度	大	*3 リスク防止	*4 リスク回避
	小	*1 リスク保有	*2 リスク移転

＊1　頻度は小、強度も小なので、保険に加入するよりも一般的にはリスク保有が合理的である。

＊2　頻度は小、強度は大なので、保険によるリスクの移転が最も有効な手段である。

＊3　頻度は大、強度は小なので、保険に加入するよりも頻度率を下げる施策を検討する。

＊4　頻度は大、強度も大なので、可能な限りリスクを回避する施策を検討する。

7．3．2　保険の加入

保険を活用すべき対象がわかったところで、次にどの保険会社のどんな保険商品を選べば良いのであろうか。当該事業体の財務状態、保険料予算、グループ経営、保険担当者の経験など個々の事情が影響することが実務的には多い。資本系列や特別な人的関係、過去のしがらみなどの要因を除外すれば、以下の点を比較検討する

べきである。

1) 保険会社の財務的健全性（財務格付け）

2) 契約条件（約款、保険金額、免責額、補償内容など）

3) サービス内容（防災活動の援助や保険金支払いの迅速さ、付加サービスのメニューなど）

4) 料率水準（保険料）

　なお、保険会社に支払った保険料は、一般的には税法上損金として経費処理できるメリットがある。

課題7－1. 直近1年以内に発生した情報セキュリティ関係の事故を捜し、その原因と事業体のとった対策を調べてみましょう。

失敗をしないために　～フェイルセーフとフールプルーフ～

　失敗を恐れてはいけないが、失敗しない方が良いには決まっている。失敗や問題が起きたときに、できるだけ被害を小さくする方策をとることをフェイルセーフという。別に珍しい考え方ではなく、注意してみると身の回りにそのように作られているものは多い。自動車が正面衝突したときにエンジンが客室内にそのまま飛び込んでくるのではなく、下に落ちるように設計するなどというのもフェイルセーフの例である。フールプルーフはポカよけとも呼ばれる。人は何かと勘違いしたり、不用意な動作を行ったりするものである。そうした勘違いや誤りを防ぐための仕組みである。シャワーの水栓などでノッチを押しながら水栓をひねらないと、40℃以上のお湯が出ないようになっているのはフールプルーフのひとつである。

　大きな事故が発生する際は、小さなミスのリカバリー（復旧）をしようとして、リカバリーに失敗し、かえって大事故を起こすことがあるともいわれている。例えば自動車を運転中に携帯電話を落とし、拾おうとして前方不注意になり衝突させるなどの例である。そうした細かな失敗の種を事前につみ取ることが安全につながるのである。

【参考文献】

〔 1 〕古川泰弘 "図解入門すぐわかる！情報リスクマネジメント" かんき出版
　　　　2002

〔 2 〕武藤佳恭 "知らないと絶対損をするセキュリティの話" 日経 BP 企画 2004

〔 3 〕森宮康 "リスク・マネジメント論" 千倉書房 1994

〔 4 〕亀井利明 "危機管理とリスクマネジメント" 同文館出版 1997

〔 5 〕亀井利明 "リスクマネジメント総論" 同文館出版 2004

〔 6 〕白井邦芳 "ケーススタディ　企業の危機管理コンサルティング" 中央経済
　　　　社 2006

〔 7 〕上田和勇 "企業価値創造型リスクマネジメント－その概念と事例－　第 4
　　　　版 "　白桃書房 2007

〔 8 〕前川寛 "リスクメンジメント" ダイヤモンド社 2004

〔 9 〕情報セキュリティ対策推進会議 "情報セキュリティポリシーに関するガイ
　　　　ドライン" 2000　参照 2011-2-18
　　　　http://www.kantei.go.jp/jp/it/security/taisaku/guideline.html

〔10〕財団法人日本情報処理開発協会 ISMS 制度推進室,
　　　　http://www.isms.jipdec.jp　参照 2011-2-18

〔11〕大村岳雄、吉田信之 "第 2 回企業のリスクマネジメントに関するアンケー
　　　　ト調査"　大和総研　経営戦略研究部　2006

〔12〕Lam James "Enterprise Risk Management: From Incentives to Controls"
　　　　Jon Wiley & Sons, Inc. 2003　（林康史、茶野努監訳 "統合リスク管理入門
　　　　ERM の基礎から実践まで" ダイヤモンド　2008）

情報処理とメンタルヘルス

　産業カウンセリングの一つとして「メンタルヘルス・プログラム」を導入する企業が増えてきている。メンタルヘルス・プログラムは職場の人間関係（上司・同僚・部下）、日常のストレス、家族の問題などに伴う悩みや不安を軽減・解消することを目的としている。カウンセリングは電話による気軽な相談から医師や臨床心理士との複数回にわたる本格的な面談まで、色々なサービスメニューがカウンセリングサービス会社から提供されているようである。

　システムエンジニアやプログラマーの情報処理という仕事もストレスとは無縁ではない。「ストレスへの気づき」、身心の緊張をときほぐす「リラクゼーション」は注目を集めている。

8 キャリアデザイン

　情報化、国際化、その他さまざまな要因が従来安定していた雇用の問題を複雑にしている。このような時代にどのようにキャリアを築いていけばよいのか、そのための基本的な考え方を理解する。自らのキャリアを構築していくだけでなく、いずれ他者のキャリアづくりを支援する立場にもなることも踏まえ、キャリア支援のあり方も学ぶ。

8.1　キャリアとは何か

8.1.1　「キャリア」をめぐる背景

　従来は日本企業の雇用制度に関わる特徴として終身雇用と年功序列型賃金が挙げられた。一度、会社に勤めたら定年退職するまでその会社に勤務し、給与は本人の業務上の成果とはあまり連動せずに、むしろ年齢と比例して一定の水準まで上昇した。ところが現代のように環境変化の激しい時代では、こうした施策は企業の競争力をそぐことになると考えられている。従業員が現在の待遇に安住し、危機感を持たずに環境の変化とは無関係に従来の仕事のしかたを続けることにより、事業に悪影響が現れることは容易に想像できる。実際、経営者のなかには、業績不振の理由を尋ねられて、「従業員が働かないからいけない」と答えた者もいたくらいである。特に 1990 年代中盤以降の、いわゆるバブル崩壊により長期の不景気に企業がさらされた結果、リストラと称した人員削減や成果主義による人事評価が導入され、終身雇用、年功序列型賃金といった旧来の雇用制度を維持しきれなくなっている。

　終身雇用制度が希薄化するなか、雇用の流動化が進み、転職も特殊なことではなくなってきた。新卒で勤めた会社にそのまま勤める（勤められる）とは限らなくなったのである。そのような中で就業に関する満足感をどこに求めるかということが強く認識されるようになってきた。自らがどのような職業生活を送ることができるのか明確にするために、キャリア設計に関心を持つ人が増えてきたのである。反面、就業後の見通しを持てないためにニート、フリーターといった、就業をしない、あるいは臨時雇用の繰り返しを行う人たちも増えてきている。

8.1.2 キャリアの定義

「キャリア」という言葉はさまざまな意味で用いられる。辞書的に言ってしまえば、「経歴、経験、とくに職業経験」ということになるであろうが、専門的には研究する学者によっても表8-1のとおり、いろいろな意味づけがされている。

表8-1　キャリアの定義

定義の提唱者	定義の内容
スーパー	① 人生を構成する一連の出来事 ② 自己発達全体の中で、労働への個人の関与として表現される職業と人生の他の役割の連鎖 ③ 青年期から引退期における報酬、無報酬の一連の地位 ④ それには学生、雇用者、年金生活者などの役割や、副業、家族、市民の役割も含まれる
シャイン	会社や組織における階級の上昇を示すものとしての外的キャリア、自己のキャリア形成がその人の自己概念を構成するという内的キャリア
ホール	ある人の生涯にわたる期間における仕事に関連した諸経験と結びついた一連の自覚的態度や行動
大久保幸夫	職務経歴であり、仕事に対する自己イメージ

　このように「キャリア」の意味づけや用いられ方は多様であるため、論じる際にさらにさまざまな見解を生む原因になってきている。このなかで共通的に含まれていることは個人の働くことに関する（働くための準備も含めて）時系列を指すといえるだろう。

8.1.3　働くことの経済的意義

　働くということを経済学的にとらえるとどのようなことになるだろうか。経済学では、どれだけ労働を供給するか、つまり働くかということは、余暇と所得の選択であると考える。所得を得られない全ての行動、たとえば家事を行うといったことは、この場合、余暇と見なされる。

　さて働くにあたって、あなたはいくらの賃金で働いてもよいと思うだろうか。個人が働いてもよいと考える最低賃金は留保賃金と呼ばれる。もし支払われる賃金に対して、あなたが不当に安いと考えれば、あなたは敢えてその労働をしないであろう。もっとも労働するかしないか供給者側の意図だけで決められるわけではない。

そもそも需要がなければ、そこに労働力の取引は発生しないのである。

　経済学では賃金も通常の財・サービスの価格と同じように需要と供給の関係で決定されると考える。価格は希少性の尺度である。われわれが通常、呼吸する際に空気に対価を支払うことはないが、スキューバダイビングなどで海に潜れば、呼吸するための空気に対価を支払わなければならない。それは水中では空気が希少だからである。

　高い賃金を得ようと考えたならば、あなたの供給する労働力に対して雇用者が希少性を感じなければならないのである。希少性を感じさせるための力（パワー）はどこからでてくるのであろうか。

8.1.4　パワーの源泉

　パワーとは「他への影響を及ぼす能力、可能性」あるいは「他の抵抗を排してでも自らの意思を貫き通す能力、自らは欲しないことを他からは課されない能力」であるといわれている。こうした能力は個人間だけにとどまらず、組織間、あるいは個人対組織間にもあてはまる。パワーの効力を発生させるには、受け手がそのことを知覚できなければならない。フレンチとレビンはこうしたパワーの源泉を表 8-2 のように分類している。

表 8-2　パワーの源泉

パワーの源泉	説明	例
報酬のパワー	A（パワーの行使者）がB（被行使者）に報酬を与えることができるとBが知覚する場合	昇進、昇給など
制裁のパワー	AがBに制裁を与えることができるとBが知覚する場合	降格、解雇など
正当性のパワー	AがBの行動を制限する権限を持つことができるとBが知覚する場合	上司の命令など
一体化のパワー	BのAに対する一体感の感情	カリスマ、メンターなど
情報・専門性のパワー	Aが特別な情報や専門性を持っているとBが知覚する場合	専門家のアドバイス、予言者

　就職という局面に限らず、どうしてパワーが行使できたのか、このフレームワークで分析することができる。就職という場面で見れば、例えばコネで入社できるの

は報酬あるいは制裁のパワーが行使されるからである。大事な顧客から「○○の世話をよろしく」と頼まれ、入社試験の成績が悪いからと断れば、後の営業活動に困難を及ぼす可能性を感じるし（制裁のパワー）、ここで入社試験の成績に目をつぶって入社させれば、新規の案件が受注できるかもしれない（報酬のパワー）と考えれば規定の成績に達しなくても採用するということは考えられる。しかし通常は就職に際してそのようなパワーを用いることは困難である。業務経験者に重視されるのは情報・専門性のパワーである。特に新卒の業務未経験の者が獲得しうるパワーは（多少意味を広くとらなければならないが）情報・専門性のパワーだけであろう。専門といっても何かのことがらについてエキスパートでなければならないということではなく、他の者と比べて競争優位を保てればよいということである。ただし採用というものが一種の投資であり、そこにはリスクをともなう以上、採用者が「正当性のパワー」を行使できる、例えば人事課長が社長を説得しやすいように志望者も資格を取得する、具体的な業務経歴を提示するなどの努力をする必要があるだろう。

8.1.5　労働力のマーケティング

　労働力も財やサービスと同等であれば、それを適切に取引するためにはマーケティング的思考が必要である。マーケティングについてもさまざまな定義があるが、コトラーによれば「交換過程を通じて、ニーズ（必要性）とウォンツ（欲求）を満たすことを意図する人間の活動」である。

　マッカーシーはマーケティングの方策を決定する際の要素として次の4つを挙げている。

    1) Product（製品・サービス）
    2) Price（価格）
    3) Promotion（販売促進）
    4) Place（販売チャネル）

　こうした要素の組み合わせをマーケティングミックスと呼ぶが、この場合では頭文字がすべて P で始まることから 4P's とも呼ばれている。どのような製品・サービスを、いくらで、どのように顧客に認知させ、どの経路を通じて販売するかということを考えなければならないのである。

　労働力を売るということを考えた場合、Product に相当するのは、被雇用者の適性であろう。雇用する立場から考えれば、エンプロイアビリティである。エンプロイアビリティは直訳すれば雇用され得る能力であるが、単一企業にとどまらない労働市場一般での価値ということである。Price は賃金である。ただしこれは個人の

意思決定よりは労働市場の趨勢や法規制、社内規程などにより決定されることが多く、本人が思うよりも安い給与に甘んじなければならないというケースはあるにしても、一般に価格を下げたからといって雇用されやすくなる性質のものではない。ヘッドハンティングなどのケースでない限りコントロールできる要素は少ない。Promotion では、どのように提供する労働力の価値を相手に認知させるかということである。エントリーシート、履歴書、職務経歴書といった文書で自分の価値を表現できる能力、資格取得などをして自分の能力を客観的に示す、面接で自己表現ができるなどが考えられる。本人自身の能力がないのに、Promotion だけでカバーしようとする考えは正しくない。マーケティングの世界では Promotion が必要なようでは、マーケティングは失敗などという言い方もあるくらいである。Place は適切な販売チャネルを選ぶということである。通常、企業への採用は募集広告、求人票などによることが多い。紹介、直接の誘いというようなケースもある。これもコントロールできる要素は少ないが、適職に就くためには幅広く間口を開けておく、つまり人脈などの育成は大切なことである。

8.1.6　コンピテンシー

コンピテンシーとは「仕事において高い成果を上げるための行動特性」である。この考え方は同じ試験を合格して採用された外交官でも大きな業績の差があることから、その差の原因の解明をアメリカ政府から依頼されたマクレランドの調査結果に端を発する。マクレランドは高業績者には共通した特性があることを見いだし、それは学力試験で測ることはできず、コンピテンス（操作的知能－知力を操作して、何らかの成果を生む力）を確認する必要があると考えた。

雇用する側は、被雇用者が企業においてなんらかの成果を上げてくれることを期待している。その業績が採用前に高確率で予測できれば望ましいし、採用後でも適材適所の人事を行うために活用できるとよい。ただこうした能力自体を測定するのが難しいため、実際に運用するのは困難な施策である。

8.2　満足できるキャリアをつくるために

8.2.1　筏下りと山登り

自分のキャリアに満足するためには、どのようにキャリアを築いていけばよいのだろうか。リクルート・ワークス研究所の大久保幸夫所長は「筏下りから山登り」へという標準モデルを提唱している。筏下りとは勤め始めて 10 年前後で基礎力を完成させ、ある程度の専門力の下地をつくる時期である。自分の持てる力をすべて

出して激流を下っていくイメージからされた命名である。筏下りは下っていった先のゴールに価値があるのではなく、そのプロセスを通じて力をつけていくことが大切である。したがってさまざまなことにチャレンジすることに価値がある。

山登りは、筏下りのプロセスで養った力をもって、自分の専門となる山を見つけ、そこに上っていくことである。この段階においては、専門能力を獲得するために戦略的に行動し、自分の専門性を磨くことに集中することが大切であると考えられている。

8.2.2　キャリア・アンカー

自分は何を専門にすべきなのか、そのためには自分を客観的に見つめることが必要になる。ここで自己理解を深めるのに有効なツールについて考えてみたい。キャリア形成のためには自分自身のどのような点について理解すればよいのだろうか。「シャインの3つの問い」と呼ばれるエドガー・シャインが提唱した質問がある。それは以下の質問である。

①自分は何が得意か
②自分は本当のところ何をしたいか
③何をやっている自分に意味や価値を感じるか

この3つの問いにより職業上の自己イメージを明確にすることができる。自己イメージには以下の3つの成分（前述の質問に対応している）があり、これらの組み合わせによりキャリア・アンカーが形成されるとしている。

①自覚された才能と能力
②自覚された動機と欲求
③自覚された態度と価値

キャリア・アンカーとは、「あなたがどうしても犠牲にしたくない、またあなたの本当の自己を象徴するコンピタンスや動機、価値観」である。アンカーとは錨のことであるが、これは船を錨で係留した際、投錨した場所を中心に船が円を描いて運動することから連想された命名である。キャリア・アンカーとなった周辺の領域で、その意識があるなしに関わらず活動することが多く、満足感につながると考えられる。キャリア・アンカーには表8-3のような8つの領域がある。

表 8-3　キャリア・アンカーの8領域

専門・職能別コンピタンス	自分が得意としている専門分野や職能分野と関連づけて自分のアイデンティティ感を形成する。
全般管理コンピタンス	経営管理そのものに興味を持ち、専門的な仕事に特化するべきではないと考える。
自立・独立	どのような仕事に従事しているときでも、自分のやり方、ペース、標準を重視する。
保証・安定	安全で確実と感じられ、将来の出来事を予測することができ、ゆったりした気持ちで仕事ができることを優先する。
起業家的創造性	新しい事業を興したいという欲求が強い。必ずしも自立・独立のためにそうしたいと考えているのではない。
奉仕・社会貢献	才能や有能な分野よりも、自分の価値観を優先し、大義のためにつくしたいと考える。
純粋な挑戦	不可能と思えるような障害を克服したり、問題を解決したりすることに価値を感じる。
生活様式	生活様式とは生き方全般のバランスをとることを意味する。私的な生活と職業生活のバランスだけではなく、個人、家族、キャリアのニーズを統合したいと考えている。

8.2.3　計画された偶然理論

　従来のキャリア指導では、自分自身の未来を想定してライフイベント表などを作成することが行われてきた。しかしながら、例えば「30歳までに結婚」などと想定しても、必ずしもそうなるとは限らない。計画を立て、そのために何をするかを考えることは重要であるが、実際の人生は多くの偶然に支配されている。計画どおりに人生を歩むことがよいキャリアにつながるのであろうか。クランボルツは結果が予測できないときでも行動を起こしてチャンスを生かすこと、偶然の出来事を最大限に生かすことが重要であると説いた。この考え方を「計画された偶然性理論」と呼ぶ。この理論の特徴は以下の要素である。

①オープンマインド（将来、何になるか決める必要はなく、変化の可能性を認識するなど）

②行動による準備（どのようなことも積極的に取り組む、失敗の経験、仕事以外の活動など）

8.3　キャリア支援

8.3.1　キャリアを支援するとはどのようなことか

　他人のキャリアに積極的に関わる立場といえば、学校の教員、ハローワーク（公共職業安定所）の職員、キャリア・カウンセラーなどが考えられるが、一般の社会人であっても、部下を持つようになれば、部下のキャリアについて配慮することが必要になるし、親になれば子のキャリア意識に大きな影響を持つであろう。最近では自己責任ばかり強調されて、自分のことは自分で決めるという風潮が強い。もちろん自らが意思決定をすることは重要であるが、適切な意思決定をするためには、それなりの支援が必要である。企業においてもバブル経済崩壊後の不況で人員抑制が続き、若年層を育成する能力が衰退してきているという指摘もある。

　それではキャリアを支援するためには、どのようなことが考えられるだろうか。企業においてはそもそも雇用機会を増やすこと、また雇用後のミスマッチが起こらないように実習機会の拡大を行うことなどが考えられる。また教育訓練の機会を充実させることも大切である。またキャリア・カウンセリングなどの相談窓口を設けることも考えられる。学校においても職業体験を行うインターンシップなどを含めた職業観、勤労観を養成するための教育を行っていく必要があるだろう。

8.3.2　企業内における指導

　企業内の指導は実際の業務を介して行うオン・ザ・ジョブ・トレーニング（OJT）と仕事を離れて研修などを行うオフ・ザ・ジョブ・トレーニング（Off JT）に分けることができる。Off JT に関しては学校の授業などと同様であると考えてもらってよい。大規模な会社では実施に多大なコストがかかることから、e ラーニングなどの手法も取り入れられている。OJT は具体的な仕事を通して、仕事に必要な知識、技能、態度などを意図的、計画的、継続的に指導することである。

　企業内では若年者や経験の浅い者に対する指導力を高めるために、どのような取り組みを行っているのであろうか。その1つにメンター制度と呼ばれるものがある。メンターとはギリシャ神話のなかにでてくる指導者メントールの名からとられたもので、尊敬できる、あるいは将来そうなりたいと思える人を指す。こうした人から継続的に指導を受けることにより、企業のコア人材としての能力を身につけることが期待されている。

　またコーチングと呼ばれるサポート技術も取り入れられている場合がある。この目的は個人の可能性や能力を最大限に引き出して、自発的な行動をとらせることである。コーチングは一般的な教え方と違い、正しいやり方を教授するのではなく、

コミュニケーションを通じて自ら気づくことを支援する「はたらきかけ」である。

8.3.3 キャリア・カウンセリング

　キャリア・カウンセリングとは、問題の対象をキャリアに限定したカウンセリングである。キャリア・カウンセリングの目的は、個人の発達を促しながら、自らの意思決定で問題を解決していくことに重点を置いている。

　カウンセリングの定義はいくつかあるが、国分康孝によれば「問題解決の援助とパーソナリティ成長の援助のいずれかを主目的にした人間関係」である。キャリア・カウンセリングもカウンセリングであるので、一般のカウンセリングと同様な基本的態度、スキルが必要であると考えられる。カウンセリングの基本的態度とは一般的に受容（クライアントの話を聞く）、支持（クライアントへの同調）、クライアントとの安定的な関係である。必要な知識、スキルとしてはカウンセリング一般の諸理論、職業選択、キャリア発達、労働問題などに関する知識、適性、能力、興味などの測定、ガイダンス、カウンセリング計画の立案、実施、評価を行えるスキルなどが挙げられる。

　厚生労働省は平成 14 年 4 月に、キャリア・コンサルティングの実施に必要な能力要件を体系化し、民間団体が実施するキャリア・コンサルタント能力評価試験（標準レベル試験）の基準を明確にした。平成 18 年末には養成者数は 4 万 3000 人となり初期の目標をほぼ達成した。平成 20 年度よりキャリア・コンサルティング技能検定を国家検定として実施した。平成 28 年 4 月より、職業選択や能力開発に関する相談・助言を行う専門家として「キャリアコンサルタント」が職業能力開発促進法に規定され、登録制（5 年の更新）の名称独占資格となった。守秘義務・信用失墜行為の禁止義務が課されおり、職業能力開発促進法に規定されたキャリアコンサルタントでない者は「キャリアコンサルタント」又はこれに紛らわしい名称を用いることができない。これに違反した者は、30 万円以下の罰金に処せられる。

　コロナ禍によって生じたテレワークの普及、第 4 次産業革命と言われる ICT を中心とした技術革新など労働環境は大きく変化をしている。その中で仕事を失う不安や働き方の変化に対する不安などキャリア・カウンセリングが果たす役割は大きくなってきている。またカウンセリングのみでは労働環境の変化には対応できないので、新技術に適応するための再教育も必要となってくる。経済産業省では「第四次産業革命スキル習得講座認定制度（通称：「Re スキル講座」）を設けて、クラウド技術やデータサイエンスといった最新技術キャッチアップのための取り組みを行っている。

課題8－1．あなた自身の将来像について想定しましょう。そしてそのためにどのような手段をとればよいのか考えましょう。

課題8－2．あなたが希少性（唯一無二という意味ではなく、他者に比べて）を発揮できる部分はどこだと思いますか。

課題8－3．あなたが仕事をする場合に重視する点は何か考えてみましょう。

【参考文献】

〔 1〕塩次喜代明、高橋伸夫、小林敏男 "経営管理" 有斐閣．1999、308p. ISBN4-641-12067-6

〔 2〕大久保幸夫 "キャリアデザイン［Ⅰ］　基礎力編" 日本経済新聞社 2006

〔 3〕大久保幸夫 "キャリアデザイン［Ⅱ］　専門力編" 日本経済新聞社 2006

〔 4〕木村周 "キャリア・カウンセリング　理論と実際、その今日的意義" 雇用問題研究会 2003

〔 5〕E.H.シャイン 二村敏子、三善勝代 訳 "キャリア・ダイナミクス" 白桃書房 1991

〔 6〕E.H.シャイン 金井壽宏 訳 "キャリア・アンカー" 白桃書房 2003

〔 7〕Kathleen E.Mitchell、Al S. Levin、John D. Krumboltz "Planned Happenstance:Constructing Unexpected Career" Journal of Counseling & Development Spring Vol.77、1999、P115-P124

〔 8〕J. D. クランボルツ、A. S. レヴィン 花田光世、大木紀子、宮地夕紀子 訳 "その幸運は偶然ではないんです！" ダイヤモンド社 2005

〔 9〕特定非営利活動法人 キャリアコンサルティング協議会 "国家資格「キャリアコンサルタント Web サイト」" https://careerconsultant.mhlw.go.jp/p/about.html 参照 2022-12-1

9 情報技術とビジネス

　コンピュータを中心とする情報技術がどのようにビジネスのなかで活用されてきたのか、その歴史を踏まえて、こんにちのビジネスの課題およびその課題を解決するための情報技術の活用を概観する。情報技術はビジネスの生産性の向上に寄与したが、さらなる生産性の向上のために企業組織内部だけではなく、調達先、販売先といった組織外部への連携を強めていこうとしている。

9.1　情報システム構築論の変遷

9.1.1　コンピュータ導入当初

　現在の状況について考える前に、その前提知識として情報技術をビジネスにどのように活用してきたか、その歴史的変遷について触れておこう。

　コンピュータが一般化する以前から、一部の大企業ではパンチカードシステム（PCS）と呼ばれる情報処理機器が使用されていた。カードに開けた穴を利用して、情報を整理する機械である。この機械はもともとアメリカにおいて国勢調査の集計を合理的に行うために開発されたもので、大量のデータを短時間で集計するためのものであった。コンピュータが発明され、企業にもコンピュータが導入されるようになったが、当初は PCS を置き換える形で進められた。日本でも昭和 40 年代に大企業においてコンピュータの導入が進められたが、これも量の問題の解決が重視された。自動的かつ短時間で多くのデータを処理することによる事務の省力化、コスト削減に重点が置かれたのである。この頃、コンピュータを用いた情報処理のことを ADP（Automatic Data Processing）、EDP（Electronic Data Processing）と呼んだ。

9.1.2　経営情報システム

　量的な問題が一定の解決をみると、意思決定にコンピュータを役立てられないかと考えられるようになった。1970 年（昭和 45 年）頃の話である。当時、技術者以外の一般の人は（経営に関わる層も含めて）コンピュータに対する正確な認識がなかった。巨額な投資をしているのだから、事務の省力化だけでなく。経営そのもの

をまかせられないかと考えられるようになったのである。これはより大規模なコンピュータシステムを販売しようと考えるベンダーの思惑とも一致して、経営情報システム（MIS – Management Information System）と呼ばれる概念が提唱された。MIS についてはいろいろな定義があるが、「必要な情報を、必要なときに、必要な形式で提供するシステム」であると考えられている。しかしながら MIS は当時のコンピュータの能力では実現できない考え方であったためブームは去っていった。ただし考え方そのものは現在でも受け継がれているものである。

9.1.3 OA と EUC
　1980 年代になり、情報技術の進歩によりコンピュータが小型化して、パソコン（当時はマイコンと呼ばれていた）が普及し始めると、企業がオフィスオートメーション（OA）に関心を持つようになった。生産部門の効率化に比べ、事務部門は遅れていると考えられたのである。当時のパソコンは、BASIC と呼ばれるプログラム言語を用いてプログラミングを行った。当時は簡易言語と呼ばれたが、プログラミング能力が必要なことに変わりなく、パソコンの処理能力自体も不足しており、ブームは去っていったが、パソコンの性能向上は着実に続けられ、1990 年代の GUI（Graphic User Interface）の普及により、一般の人でもパソコンを扱えるようになった。ここでエンドユーザ・コンピューティング（EUC）と呼ばれる考え方が普及して定着した。EUC とはパソコンなどを用いて、エンドユーザつまり一般の事務職員が、直接に情報処理システムの運用・開発を行うことである。ただしコンピュータに得意な職員がいる間は効率的に仕事が行われるが、その職員が異動したりするとメンテナンスや運用そのものが行われなくなり、開発されたシステムが破棄されるなどの問題が発生している。

9.1.4 戦略情報システム
　一方、大型コンピュータの世界では、量的な問題は解決したものの、多額のコストがかかる点が経営者には問題視されていた。そこにパソコンのような低価格の情報機器が登場したため、ますますコスト圧力にさらされるようになった。そのような中で情報システムを経営の後処理にのみ使うのではなく、経営そのものに役立てようとする考え方がでてきた。このようなシステムの利用法をワイズマンは戦略情報システム（SIS – Strategic Information System）と呼んだ。SIS とは情報システムを利用することにより、他所との競争優位を確保しようとする考え方で、アメリカン航空の座席予約システム（SABRE）、ヤマト運輸の荷物問い合わせシステム（NEKO システム）などが代表的なものとして挙げられている。

9.2　ビジネス環境の変化

9.2.1　グローバリゼーション

　一方、ビジネス環境はどのように変化してきたであろうか。ビジネスに一番大きな変化をもたらした要因はグローバリゼーションである。グローバリゼーションとは国家を超えて人、物、金、情報などの流動化が促進されることである。グローバリゼーションが注目される理由は東西冷戦の終結や中国の政策転換などの政治的要因、それに伴う規制緩和、物流・情報技術の進歩などが挙げられる。

　自由貿易が拡大されると、従来、保護主義的な政策で保護されていた分野では競争が激化する。競争に勝つためには、さらなるコスト削減が必要とされて、より安価な原料や労働力などを求めて調達もグローバル化する。

　インターネットの普及も国際的な情報流通のコストを格段に引き下げた。ただこうした情報のグローバル化は著作権や規制される情報の国家間の違いなどの問題も引き起こしている。

9.2.2　コンプライアンス要求の高まり

　近年、企業の不祥事が相次いでいる。粉飾決算やリコール隠しなどの正確に公開すべき情報の隠蔽、保険金の不当な不払いやサービス残業など弱者への不利益な取り扱いといった報道を目にした機会も多いであろう。またこうした不祥事に対して、社会が敏感になってきているのも事実である。いったん不祥事が公表されると、内容によっては企業の存続にも関わる事態となる。

　このような状況を受けて、コーポレート・ガバナンスが世界的な規模で議論されている。先進国だけでなく、発展途上国においても同様である。これは不祥事の再発を防止するためには、どのように企業を統治していけばよいのかという課題のあらわれである。

　コーポレート・ガバナンスを構成する要素は公正さと透明性である。公正さの第一歩は法令の遵守（コンプライアンス）である。我が国においてもコンプライアンスを定着させるために法制度の改正も行われ、平成 20 年より上場企業においては金融商品取引法の定めにより内部統制システムの評価、監査の仕組みを整えるとともに、報告書の提出を義務づけることになった。

9.3　競争力を高めるためのＩＴ

9.3.1　サプライチェーン・マネジメント
　サプライチェーン・マネジメント（SCM）とは、原材料の調達から最終利用者への販売にいたるまでの、供給の統合化をはかるビジネスプロセス、あるいはそれを支援する情報システムのことである。これは一社内のことにとどまらず、そこに参加する企業、部門の間で情報を共有することによりに行われる。個別のサプライヤの最適化ではなく、全体の最適化を目指す。流通段階にある POS（Point Of Sales）データ、つまり販売時点のデータなどを活用して販売予測を行い、そのデータを活用して各サプライヤが、生産、物流を行う。そのような仕組みにより過剰在庫になって値引き処分せざるを得ない状況になったり、在庫が不足して販売機会をのがしたりということがないようにする。デル・コンピュータの導入事例が有名である。

9.3.2　カスタマ・リレーションシップ・マネジメント
　売上を安定的に上げるためには既存顧客を大切にすることが重要である。顧客管理は従来からある概念で、過去にも企業はそれなりの対応をしてきた。現代ではこうした顧客管理を一歩進めて、画一的な顧客へのアプローチではなく、顧客の特性にもとづいた営業活動が求められている。顧客の特性を把握するためには、販売、保守・サービス、問い合わせ、クレームなどを一貫して記録する必要がある。このような顧客との関係性に基づいて営業を強化するためのシステムをカスタマ・リレーションシップ・マネジメント（CRM）という。ただし顧客情報をどのように活用するのかが重要で、ただ記録しても個人情報保護上のリスクが高まるだけである。
　インターネット・ショッピング・サイトの amazon では、顧客の検索履歴や購入履歴を蓄積し、ある商品を検索した場合、過去にその商品を買った人が合わせて買っているような商品を推奨して、客単価向上による増収に努めている。

9.4　コスト削減のための努力

9.4.1　システム開発の見積もり技術
　情報システムへの投資は不確実性が高いものの１つである。そのシステムを活用することにより、どれだけの効果が得られるのかも算出しづらいし、そのシステムを作るのにどれだけ費用がかかるのかも算出しづらい。システムの開発に必要な工数の見積もりはどのように行われているのであろうか。表 9-1 は代表的な見積もりの方法である。

表 9-1　代表的な見積もり手法

手法名	説明
類推法（概算法）	過去の類似したプロジェクトに基づき算出する方法
デルファイ法	複数の専門家による類推法の結果をまとめて算出する方法
LOC（Line Of Code）法	ソースコードのステップ数により計算する方法
ファンクション・ポイント法	論理ファイル、インタフェースファイル、入力、出力、照会の複雑さを推定し、累計することにより計算する。
COCOMO II	開発工程を 3 つのフェーズに分け、5 つのスケール要因と 17 のコスト要因により計算を行う。
ユースケース・ポイント法	ユースケース図をもとに、13 の技術的要因と 8 つの環境的な要因により計算を行う。
WBS（Work Breakdown Structure）	プロジェクトを作業単位に分割し、作業単位ごとに必要な工数、コストを見積もり積み上げる。

　2004 年の日経 BP 社による調査では、53.7%が類推法を使用していた。開発するシステムに類似の経験がある場合、システム開発に採用する技法などがこなれている場合には、類推でもある程度、信頼性がおける結果がでてくるであろうが、新しい技術を採用する場合には不安がつきまとう。ファンクション・ポイント法、WBSなどの工学的な手法は、現実的には手間のかかる手法で、教育の場も多くない。複雑さの評価などは、過去の実績から判断しなければならないなど類推法と同じ問題点を抱えている。こうした工学的手法が普及するには、まだ時間を要すると考えられる。また見積もりの段階で正確に開発工数を予測しても、特に日本では仕様変更、追加といったことが多く行われている。ユーザサイドとの連携ができるようにならないと正確な見積もりの意味がでてこない。

9.4.2　フリーソフトウェア

　コンピュータの黎明期にはソフトウェアはハードウェアの付属物であった。ソフトウェアは特定のハードウェアでしか動作しないものであったからである。コンピュータが普及して IBM が圧倒的な市場シェアを持つようになると、1969 年に米国司法省は IBM を独占禁止法違反の疑いで提訴した。そこで IBM はハードウェアとソフトウェアを分離して販売することに踏み切る。これをアンバンドリングという。ソフトウェアは商品としての価値を持つようになったのである。

　同じ頃、コンピュータが小型化して企業、大学などに普及するようになった。そ

のような環境の中でAT&Tベル研究所が開発したオペレーティングシステムUNIXは、AT&T が独占禁止法によりコンピュータ事業への参入が禁止されていたため、ソースコードとともに媒体費用のみで配布されるようになった。その結果、UNIXは米国内に普及するようになる。このように独占禁止法の存在が、一方でソフトウェアを商品化し、一方でフリーソフトウェアという考え方を広めていく。その後、規制緩和にともない UNIX は商用化されることになる。

さらにコンピュータが小型化してパーソナルコンピュータが普及するようになると、個人でもコンピュータを所有できるようになり、個人が作成した自作のソフトウェアを公開して自由に使用させるという文化も生まれてきた。リチャード・ストールマンはフリーソフトウェア財団（FSF – Free Software Foundation）を設立し、GNU（GNU's not UNIX）プロジェクトを通じて UNIX 互換のフリーソフトウェアの開発を支援している。この活動の中から、多数の実用的なフリーソフトウェアが開発され、企業の中でも使われるようになってきた。現在、パソコンや特にサーバにおいて利用されている UNIX 互換のオペレーティングシステム Linux は代表的なものである。GNU では GPL（General Public License）と呼ばれるライセンス形態が用いられており、その中の条件にソースコード（プログラミングの際、利用したプログラム言語で書かれたプログラム）にアクセスできるようにするという条件がある。このことからオープンソースソフトウェアという、ソースコードにアクセスされて類似品を作られるのを嫌う従来のソフトウェア商品では考えづらい配布形態が成り立っている。

企業は導入コストを削減できることから、このようなオープンソースソフトウェアなどが利用されるようになってきた。しかし Linux に精通した技術者を確保することは容易ではないなど、一部のソフトウェアベンダーは TCO（Total Cost of Ownership）という考え方を用いて、総費用が必ずしも安くならないと主張し、論争となっている。

9.4.3 オフショア開発

グローバル化はソフトウェア開発の現場にも及んできている。国内で使用されるソフトウェアは国内で開発されるのが通例であったが、現在ではインドや中国などの企業にソフトウェア開発を発注している。システム設計などの上流工程を国内で行い、プログラミングなどの下流工程を海外の企業に発注することが多い。このような方式をとる理由は安価な人件費に対する期待である。ただし設計等で十分な作り込みをしておかないと、納品されたソフトウェアが品質的に不十分なものだったりすることもある。例えば例外的なデータに関する処理を仕様段階で盛り込まなか

った場合、国内で開発していれば実装しているプログラマが不審に思い、設計者に問い合わせることで問題の発生が押さえ込まれることも考えられるが、海外で開発している場合には、このように緊密なコミュニケーションをとることは難しい。そこでブリッジ SE と呼ばれる両国のビジネス習慣の差異にも通じた SE が開発の現場でコーディネイトすることも期待されている。最近ではノウハウの蓄積により、さらなる拡大が見込まれている。

9.4.4 クラウド・コンピューティング

クラウドはインターネットのことを指す。直訳すると雲のことであるが、インターネットを図示するときに雲の絵を描くことが多いためである。アプリケーションやデータをサーバで集中的に管理し、インターネットを通じて、それを利用する情報処理の形態である。管理コストの削減を意図している。身近なところでは Google の提供している Google Apps などがその例である。

9.5 AI（人工知能）の経営への活用

2010 年代に入り、AI（Artificial Intelligence）の活用が盛んに議論されるようになった。IBM の Watson とよばれる AI プロセッサーがクイズ番組で人間に勝利する、Google による自動運転技術の実験成果の発表など、従来の情報処理では難しいと思われる分野でコンピュータが活用され始めたことが議論の契機になっている。

現在、人工知能とよばれるものは大量のデータを背景に、そこから求めるもののうち、統計的に確率の高いものを選び出し、提案するタイプのものが多い。ニューラルネットワークとよばれるシステムでは、従来用いられていた線形の判別分析では識別しづらかったものを大量のデータを学習させることにより効果的な判別を行えるようにしており、画像解析などに効果をあげている。

AI を経営に活用しようとする試みは当然のことで、従来、非定型的と思われていた業務にもコンピュータが活用されることが期待される。そのため「AI に仕事が奪われる」といった議論もなされるようになった。オックスフォード大学のマイケル・A・オズボーン准教授、同大学のカール・ベネディクト・フライ研究員とともに著した『雇用の未来-コンピューター化によって仕事は失われるのか』という論文では、米国の総雇用者の約 47%の仕事が自動化されるリスクが高いとしている。

AI が経営に大きな影響を与えるのは事実で、技術の進歩によって労働の内容に変化が生じるのは避けられない。また情報倫理の部分でも述べたように、AI を利用し

た結果、無意識のうちに差別や偏見を助長することも考えられる。ただしそれを不幸と感じるのは当たらない。人間は「社会のしくみ」そのものを考える能力があるからである。AIの利便性を享受して、むしろワーク・ライフ・バランスを実現できる未来を考えることも可能である。

9.6　DX（デジタル・トランスフォーメーション）

　デジタル・トランスフォーメーションとはAI、データサイエンスといった情報技術を駆使して、レガシーシステム（従来のしくみ）から脱却するための試みである。レガシーシステムでは成しえなかった業務改善や新しいビジネスモデルへの対応を図るだけでなく、企業風土の変革も視野に入れた活動である。

　具体的にはAIを活用した創薬、画像認識技術を利用した検品システム、ブロックチェーン（特定のサーバに頼らない堅牢なデータ保管のしくみ）を活用したサプライチェーン・マネジメント・システムなどさまざまな試みがなされている。

　DXを推進することで、企業利益の向上、従業員の働き方改革、製品価値の向上など行い企業の競争優位を確立しようとしている。

課題9－1.ITとビジネスの関わりで最近話題になっていることを1つテーマに選び、そのことについて調べてまとめましょう。

【参考文献】
〔　1〕ロバート・ソーベル　青木榮一　訳"IBM　情報巨人の素顔"ダイヤモンド社　1982
〔　2〕チャールズ・ワイズマン　土屋守章、辻新六　訳"戦略的情報システム　競争戦略の武器としての情報技術"ダイヤモンド社　1989
〔　3〕日経ITプロフェッショナル編集部"本当に使える見積もり技術　第1部見積もりの透明性が必要"日経ITプロフェッショナル2004年9号　P20-P29
〔　4〕リチャード・ストールマン　株式会社ロングテール/長尾高広　訳"フリーソフトウェアと自由な社会"アスキー　2003

索引

―― 著 者 略 歴 ――

豊田 雄彦（とよだ ゆうひこ）
青山学院大学大学院 国際政治経済学研究科
修士課程修了
情報処理システム監査技術者
大妻女子大学短期大学部 家政科生活総合ビジ
ネス専攻 教授
序章、1章、2章、3章、8章、9章担当

加藤 晃（かとう あきら）
青山学院大学大学院 国際政治経済学研究科
修士課程修了
青山学院大学大学院 国際マネジメント研究科
国際マネジメント・サイエンス博士後期課程
修了
東京理科大学 経営学研究科 技術経営専攻 教授
6章、7章担当

鈴木 和雄（すずき かずお）
青山学院大学大学院 国際政治経済学研究科
修士課程修了
東京工業大学大学院 社会理工学研究科修士
課程修了
株式会社ニコン 法務・知的財産本部
4章、5章担当

©Yuhiko Toyoda, Akira Katou, Kazuo Suzuki 2023

情報と職業（改訂4版）
－ AI時代に向けてのキャリア開発－

2007年 4月10日	第1版第 1刷発行	
2009年 8月25日	改訂1版第 1刷発行	
2011年 4月10日	改訂2版第 1刷発行	
2018年 8月10日	改訂3版第 1刷発行	
2023年 2月28日	改訂4版第 1刷発行	

著 者　豊　田　雄　彦
　　　　加　藤　　　晃
　　　　鈴　木　和　雄

発行者　田　　中　　聡

発 行 所
株式会社 電 気 書 院
ホームページ　https://www.denkishoin.co.jp
（振替口座　00190-5-18837）
〒101-0051　東京都千代田区神田神保町1-3ミヤタビル2F
電話(03)5259-9160／FAX(03)5259-9162

印刷　中央精版印刷株式会社
Printed in Japan／ISBN978-4-485-66562-6

- 落丁・乱丁の際は，送料弊社負担にてお取り替えいたします．
- 正誤のお問合せにつきましては，書名・版刷を明記の上，編集部宛に郵送・FAX（03-5259-9162）いただくか，当社ホームページの「お問い合わせ」をご利用ください．電話での質問はお受けできません．また，正誤以外の詳細な解説・受験指導は行っておりません．